JN221375

2020年の衝撃——崩壊の始まり

The 2020 Great Economic Shock

浅井隆

第二海援隊

プロローグ
元ＢＩＳ分析官ホワイト氏の恐るべき予言

「市場は常に間違っている」というのは私の強い信念である。
関係者は、世界の金融市場が消えてなくなることは
あり得ないかのごとく話をする。
しかし、それは間違いである。
市場参加者の価値判断は常に偏っており、
支配的なバイアスは価格に影響を与える

（ジョージ・ソロス）

トヨタのジンクスと逃げようのない現実

二〇二〇年は、衝撃的な年となるかもしれない。そして、あなたにとって忘れ難い年となる可能性がある。それは、東京オリンピックが開催された年としてではなく、金融恐慌の発端となった年としてである。

実は、この世の中には不思議な〝ジンクス〟というものが存在する。あのトヨタにまつわるジンクスを聞いたら、あなたは今晩眠れないかもしれない。

二〇一九年六月、日本経済新聞にある情報がにぎにぎしく掲載された。トヨタの売上げが、日本の企業として初めて三〇兆円を超えたというのだ。それは良いニュースだと手放しで喜んだ人がいたとしたら、その人は足元をすくわれることだろう。なぜなら、そのウラに恐ろしいジンクスが隠されているからだ。

実は、トヨタの売上げが一〇兆円を超えた直後には、あの一九九〇年の「バブル崩壊」が発生している。そして二〇兆円を超えた直後には、「リーマン・

ショック」が世界を震撼させているのだ。とすると、今回は二〇二〇年頃には次なる金融危機がやってくる可能性が高いと言ってよい。

ここまでの内容は、あくまでも〝お話〟としてすますことのできるものだ。ただし、これからお話する内容はそうした類のものではない。

二京七〇〇〇兆円、一体、これはなんの数字だろうか。そもそも、「京」という単位を一般の日本人が使うことはない。そんな単位、初めて聞いたという人も多いことだろう。これは兆の一万倍の単位で、万→億→兆→京となっている。読み方も「キョウ」ではなく「ケイ」という。これと比較できるものといえば日本国政府の借金ぐらいだが、それとて一二〇〇兆円くらいのものだ。

では、この途方もない数字の正体とはなんなのか。それこそ、人類が抱え込んだ総債務なのだ。つまり、人類七〇億人がしてしまった借金の総額である。しかも、これは人類史上最大最悪である。なぜ、こんなことになってしまったのか。そのすべての理由こそ、リーマン・ショックにあるのだ。

「一〇〇年に一度の金融危機」と呼ばれ、世界のすべての銀行が吹き飛びそうになったあの事件のために、全世界の政府と中央銀行が必死に景気対策を行ない、金利を史上空前といえるレベルにまで下げた。そしてついに、「マイナス金利」という人類史上初の事態が到来した。その結果、人々はこの異常な低金利が永遠に続くと錯覚して、われ先にと借金をしまくったのだ。

そして、二つのことが起きた。一つはバブルだ。二〇一八年一〇月末、私はこのあたりが不動産バブルのピークと見て、香港に取材に出掛けてきた。都心から少し離れたマンション（もちろん中古）が一三〇平米でなんと一三億円もしていた。東京ならば、せいぜい一億五〇〇〇万〜二億円程度だろう。

しかも、その香港のオークションでは「サントリー山崎の限定版」（売出価格が一〇〇万円）が、なんと一本三二〇〇万円で取引されていたのだ。まさに異常ともいえる状況だ。日本から遠く離れた南半球のオーストラリアやニュージーランドでも、わが目を疑うような不動産バブルが発生して、二〇一七年頃をピークに今、崩壊し始めている。

バブルと並んで問題なのが、普通なら借金をすることが不可能な〝ゾンビ企業〟が、どんどん借金をして延命されていることだ。これが全世界で起きている。もし、景気が悪化してすべてが逆回転したら、世界は信じがたい倒産ラッシュに見舞われるだろう。

そういう中で、さらにおぞましい話が邦銀を巻き込んで進行中なのだ。実は、その欧米のゾンビ企業に融資するローンを元に作られた金融派生商品「CLO」（ローン担保証券）なるものを、農林中金、ゆうちょ、都銀の三菱などが大量に購入し保有しているのだ。かつて一〇年前には、低所得者向けの不動産ローンを元に作った金融派生商品「CDO」が、最後に大爆発を起こして前代未聞の金融危機が発生したわけだが、DがLに変わっただけでまったく同じ構図の問題が進行中というわけだ。

しかも、オーストラリアを先頭に世界の不動産バブルは崩壊し始めており、トランプが巻き起こしている米中貿易戦争も加わって、世界の景気は徐々に悪化中だ。このまま行けば、二〇二〇年はとんでもない年になる可能性が高い。

そういう中で、ある人物が信じがたい予言を発し始めたのだ。その人物とは、世界のすべての銀行を統括する国際決済銀行（ＢＩＳ）の元チーフエコノミストであるウィリアム・ホワイト氏だ。彼がその筋の人々になぜ有名かというと、リーマン・ショックの到来を事前に当てていた数少ない金融専門家の一人だからだ。世界の金融の動向やマネーの動きにもっとも詳しいホワイト氏が、次なる金融危機の到来を予言しているのだ。

しかも、その中身がすさまじい――「世界は巨大な連鎖倒産の波に襲われるだろう。現在の状況はリーマン直前の二〇〇七年より深刻だ‼」。

あなたは、危機の直前を生きているのだ。備えない者は、その巨大な津波に呑み込まれて即死することだろう。

二〇二〇年はあなたの運命を決める年になるかもしれない。その時、生き残れるかどうかは、本書の活用いかんにかかっている。

二〇一九年一〇月吉日

浅井　隆

2020年の衝撃――目次

第二章　金融大恐慌――あなたの預貯金は戻ってくるか

第五章　すべての通貨が紙キレに⁉
――ドルも円も安全ではない

エピローグ 「日本の運命」——恐慌経由国家破産

※注　本書では為替は一ドル＝一一〇円で計算しました。

第一章　二京七〇〇〇兆円が爆発する時

――人類史上最大の借金

常に各国の中央銀行の動きとは正反対の方に賭け、現実世界に賭けるべし

（ジム・ロジャーズ）

確かに世界恐慌は回避したが……

世界中を震撼させた「リーマン・ショック」から、はや一〇年以上の時が流れた。「二〇〇〇年に一度の金融危機」とも言われたこの未曽有の危機は、株や不動産をはじめとする世界中の資産価格を暴落させた。

それは、ほどなくして実体経済に波及し、あらゆる経済活動を委縮させた。貸し渋り、貸し剥がしが猛威を振るう中、多くの企業が資金繰りに苦しんだ。事業の不振、リストラ、倒産、失業などで生活に困窮する人が急増、「すわ、世界恐慌の再来か」と多くの人々が身構えた。

結果的には、リーマン・ショックは世界恐慌には至らなかった。リーマン・ショックにより暴落した株式市場は翌二〇〇九年には回復に向かい、実体経済も徐々に回復した。その後、世界経済はおおむね好調を維持し、株式市場も右肩上がりで推移し、現在に至っている。

ところが今、世界経済を再び危機に陥れかねない深刻なリスクが高まりつつある。それこそ、世界的に膨張する「過剰債務」である。政府、企業、金融機関、家計のすべてを含めたその額、なんと二京七〇〇〇兆円。想像を絶する金額だ。リーマン・ショックから約一〇年――。世界はこの一〇年の間に、異常としか言いようのないすさまじいペースで債務を増やしてきた。人類史上最大のこの借金が、世界経済を再び奈落の底へと突き落とす可能性が出てきた。

世界は、確かにリーマン・ショックによる世界恐慌は回避した。それは、各国政府による財政出動や中央銀行による金融緩和策による部分が非常に大きい。しかしその一方で、世界は「人類史上最大の借金」という巨大なリスクを抱え込んでしまった。リーマン・ショック後の一〇年間、一体なにがあったのか？　なにが、これほど巨額の借金をもたらしたのか？　本章ではそれについて振り返り、この巨額債務のなにが問題なのかを考えていただきたい。

二京七〇〇〇兆円の途方もない債務が制御不能に陥った時、それはリーマン・ショックを遥かに上回る危機となって私たちに襲いかかるに違いないのだ。

リーマン・ブラザーズ破綻で起こったこと

二〇〇八年九月一五日、六一三〇億ドル（約六七兆四三〇〇億円）という史上最大の負債を抱え米証券四位の「リーマン・ブラザーズ」が破綻した。サブプライムローン問題に端を発した金融不安は、すでに二〇〇七年頃から高まっていた。二〇〇八年に入り、米証券五位の「ベア・スターンズ」、米連邦住宅抵当公社（ファニーメイ）、米連邦住宅貸付抵当公社（フレディマック）の経営危機が表面化すると、米政府は緊急融資や資金注入を行なうなどの救済措置を取った。

このような時に決まって大きくなるのが、「なぜ、国民の税金を使って民間金融機関を救うのか？」という市民からの批判の声だ。そのような声も少なからず影響したのだろうが、米政府はリーマン・ブラザーズについては救済を拒んだ。そして、リーマン・ブラザーズは破綻した。

「大き過ぎて潰せない」――リーマン・ブラザーズについては、市場関係者の多くがそう信じていた。それだけに、リーマン破綻は金融市場にすさまじい衝撃を与えた。株は暴落し、市場は金融機関の連鎖破綻の恐怖に包まれた。

十分な資本を持たない金融機関の株や社債は大きく売り込まれた。その一つが米保険最大手の「ＡＩＧ」（アメリカン・インターナショナル・グループ）だ。経営危機に陥っていた「ＡＩＧ」の株価は、それまでの半年で約九〇％も下落した。社債も元本の半値程度にまで下落した。市場は「ＡＩＧ」の破綻を完全に織り込んでいた。リーマン破綻の影響を軽視していた米政府は当初、「ＡＩＧ」の支援を拒んでいたが一転、救済に動いた。九月一六日、「ＡＩＧ」を政府管理下に置き、最大八五〇億ドル（約九兆三五〇〇億円）の融資枠を設定した。

危機は世界中に飛び火し、金融機関の再編・淘汰の嵐が吹き荒れた。世界の中央銀行は協調してドル資金を供給することで、なんとか市場の崩壊を防いだ。一九日、米政府は総合的な金融安定化策を打ち出した。最大七〇〇〇億ドル（約七七兆円）の公的資金による、金融機関の不良資産買い取りを中心とする内容だ。法案は国民の反発を背景に下院で否決されてしまったが、金融機関破綻時の預金保険の保証上限額引き上げを法案に盛り込むなど世論に配慮、金融安定化法はようやく成立した。

これを受け、ブッシュ大統領（当時）は、大手米銀を中心に二五〇〇億ドル（約二七兆五〇〇〇億円）の公的資金注入を表明した。さらに銀行間取引の保証、無利子決済性預金の全額保護、ＦＲＢによるＣＰ（コマーシャルペーパー）買い取りなどの対策を打ち出した。

米国以外の各国も対応を急いだ。ドイツは、八〇〇億ユーロの資本注入枠を設定、預金の全額保護を打ち出した。フランスは、最大四〇〇億ユーロの資本注入、金融機関向けに最大三二〇〇億ユーロの融資、預金の全額保護を決めた。イギリスも、八行に対する二五〇億ポンドの資本を注入し、銀行が発行する短中期債について二五〇〇億ポンドの政府保証を付けた。スイスでは、ＵＢＳへ六〇億スイスフランの資本を注入し、ＵＢＳの不良資産を最大六〇〇億ドル買い取ることを決めた。

金融危機により、実体経済は急速に悪化して行った。世界的な株式や不動産の下落による逆資産効果もあり、消費は急速に冷え込み、耐久消費財など高額商品を中心に売り上げが大幅に減った。深刻な販売不振にあえぐ自動車や電機など製造業各社は設備投資を抑制し、減産や工場の休止など生産調整を進めた。その結果、企業の労働力も過剰となり、当然、雇用調整へとおよぶ。日本では、派遣期間が終わる前に派遣契約が打ち切られる「派遣切り」が横行し、非正規社員を中心に失業者が急増した。

カネ余りがもたらしたバブルは、レバレッジをはじめ利益の最大化を狙った金融技術を通して膨張して行った。一九八〇年代以降、米国は負債を大きく増やしてきた。米国における政府・企業・個人の借金は、二〇〇八年末にはＧＤＰの三・七倍にのぼった。それまでは世界恐慌に見舞われた一九三〇年代を除きほぼ二倍以内に収まっていたから、当時のマネー膨張のすさまじさがわかる。

この借金をテコに膨張したマネーは、株、不動産、商品、通貨など世界中のありとあらゆる市場に流れ込んだ。その結果、多くの市場が活況に沸き、世界は好景気を謳歌したが、一方で資産価格は異常な高騰を見せた。そして、パンパンに膨れ上がったバブルは、金融危機をきっかけについにはじけた。

異例の量的緩和で膨張した中銀資産

著しい景気の落ち込みにより、世界恐慌の再来が懸念される中、各国はさらなる対応を迫られた。一九三〇年代の世界恐慌時には、対策が不十分だったために危機が深刻化したとの反省から、なりふり構わぬ景気対策が取られた。世界各国が史上空前の金融緩和と財政出動を実施したのだ。

日本だけでなく、欧米諸国の金利も軒並み引き下げられ、日米欧各国の金利はあっと言う間にゼロ近辺にまで低下した。通常の金融緩和は、中央銀行が政策金利を引き下げることで景気のテコ入れを図るが、政策金利をゼロにしてもこの未曽有の金融危機が正常化することはなかった。

そこで、米国をはじめいくつかの国が採り入れたのが「量的緩和策」だ。これは金融緩和策の一つで、国債や有価証券などを市場から買い取り市場に潤沢な資金を供給するというものだ。金利をゼロ近辺にまで下げても景気が上向かず、これ以上金利を下げることができない状況に至った時に行なう、異例の政策だ。金融危機以前からデフレに苦しんでいた日本が、二〇〇一～〇六年にかけて初めて導入した。

二〇〇八年一一月、FRB（米連邦準備制度理事会）は「QE1」と呼ばれる最初の量的緩和を実施した。住宅ローン担保証券（MBS）や米国債などを買い取り、一兆七二五〇億ドルの資金が供給された。これほど巨額の資金を供給したにも関わらず、実体経済の回復は鈍いままだった。

「QE1」は二〇一〇年六月に終了したが、そのわずか数ヵ月後の二〇一〇年一一月には第二弾の量的緩和「QE2」が実施された。「QE2」では前回の倍の規模の米国債を買い取り、六〇〇〇億ドルを市場に供給した。巨額の資金供給や減税などの政策により、米国経済は多少の回復を見せたが、「QE2」が終了した二〇一一年六月時点でも失業率が九%前後で高止まりするなど、完全復活には程遠い状況であった。

ＦＲＢは低迷する雇用を改善し景気を回復させるため、二〇一二年九月には第三弾の量的緩和「ＱＥ３」の実施に踏み切った。ＭＢＳを毎月四〇〇億ドルのペースで継続購入することを決めた。さらにその後、毎月四五〇億ドルの国債買い入れも決め、合計で月八五〇億ドル規模となる巨額の資金を市場に供給した。米国景気はようやく回復の見通しが立ち、ＦＲＢは二〇一三年一二月、「ＱＥ３」の縮小を決定した。二〇一四年一月以降、緩和規模を徐々に縮小して行き、二〇一四年一〇月末、「ＱＥ３」は終了した。

量的緩和を実施したのは米国だけではない。ＥＵも、日本も、大規模な量的緩和を行なった。二〇〇九年三月には、イギリスの中央銀行であるイングランド銀行も量的緩和を導入した。二〇一三年四月には、日銀が「量的・質的金融緩和」と呼ばれる量的緩和を導入した。さらに、ＥＣＢ（欧州中央銀行）も二〇一五年一月に量的緩和を実施した。

買い取った国債や証券などにより、各国中央銀行の資産は急膨張して行った。

ＦＲＢの資産は二〇〇七年末に約八九〇〇億ドルだったが、二〇一七年末には四兆五〇〇〇億ドル程度まで増加した。つまり、ＦＲＢの資産は一〇年で三兆ドル以上も増え、約五倍になったのである。

他の中央銀行の資産も急増した。ＥＣＢの資産は二〇〇七年末の約一兆五〇〇〇億ユーロから、二〇一七年末には四兆五〇〇〇億ユーロ程度へと約三倍に増加した。日銀の資産は、二〇〇七年末の約一一〇兆円から二〇一七年末には約五二〇兆円に増加した。やはり、五倍近くになっている。

二〇〇七年末時点のＦＲＢ、ＥＣＢ、日銀の資産を合計すると、四〇〇兆円程度である。それが各中央銀行の大規模な量的緩和により、二〇一七年末には合計一六〇〇兆円程度まで増加した。日米欧の中央銀行の資産は一〇年で約一二〇〇兆円増加し、約四倍になったわけだ。これだけ巨額の資金を市場に供給したということだ。

これほど大規模かつ異例の金融緩和により、世界はなんとか恐慌を回避した。

主要中央銀行の総資産

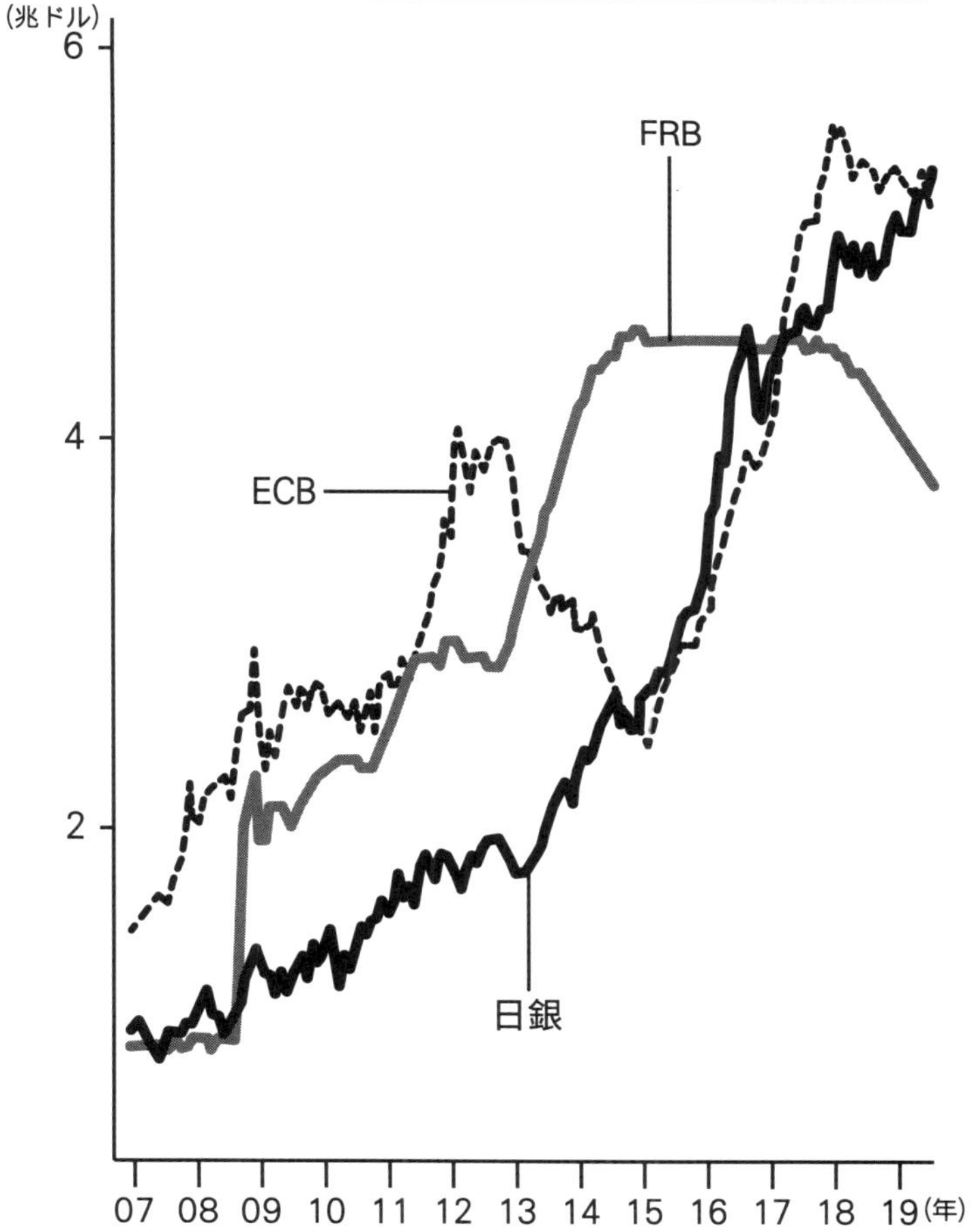

ヘイバーアナリティックスのデータを基に作成

量的緩和の副作用――資産バブルの膨張

このような異常な量的緩和、つまり空前規模のマネーの大量供給は重大な副作用をもたらした。市場に吐き出された大量のマネーがリターンを求めて様々な市場へと向かった結果、株や不動産をはじめとする「資産バブル」を膨張させたのだ。

国際取引所連合（WFE）が公表する世界の株式時価総額の推移を見てみると、リーマン・ショック前のピークは二〇〇七年一〇月の六三兆五〇〇億ドルであった。それがリーマン・ショックに伴う株価暴落で、二〇〇八年末には三一兆ドル強とほぼ半減した。しかし、その後の株価の上昇により、時価総額は二〇一九年八月時点で八七兆ドルに達し、すでにリーマン・ショック前のピークを大きく上回っている。

日米の株価も大きく上昇した。ニューヨークダウは金融危機による暴落で、二〇〇九年三月に七〇〇〇ドルを割り込んだが、その後はほぼ一貫して上昇を続け、二〇一九年七月には二万七〇〇〇ドル台を付けた。日経平均株価は二〇〇八年一〇月に七〇〇〇円を割り込んだ後、数年間は低迷したものの、二〇一二年秋以降、アベノミクスを追い風に急ピッチで上昇して行った。二〇一八年一月には、二万四〇〇〇円台まで上昇した。ニューヨークダウは約一〇年で約四倍、日経平均も三倍以上に高騰したのである。

不動産価格も高騰した。日本など一部を除き、主要先進国の住宅価格はリーマン・ショック後、軒並み数十％上昇している。

米国の住宅価格の水準を示す「ケースシラー住宅価格指数」も上昇を続ける。同指数は二〇〇〇年一月を一〇〇として指数化したもので、二〇〇六年六月には二〇六・三八のピークを付けた。その後のリーマン・ショックで住宅価格は暴落、同指数も二〇〇九年には一四〇前後まで一気に下落した。しかし、二〇一二年以降はほぼ一貫して上昇、二〇一九年七月には二一八・〇〇とリーマン・ショック前のピークをすでに上回り、過去最高を更新し続けている。

特に香港の住宅価格は、もはや庶民には絶対に手が届かない高みに達している。米国の商業用不動産サービス大手ＣＢＲＥが発表した、世界三五都市の個人住宅市場に関するレポートによると、住宅価格がもっとも高い都市は香港で、その平均住宅価格はなんと約九六三万香港ドル（約一億三八〇〇万円）であった。驚くべきは、これは「平均価格」ということだ。つまり、一億円出しても豪邸どころか並み以下の物件しか買えないということだ。一九九七年に比べ、価格は二倍になったという。

それでも所得が高ければ問題ないが、香港市民の所得は決して高くない。米国の調査会社デモグラフィアの調査によると、二〇一八年の香港の住宅価格の中央値は、世帯年収の中央値の一九・四倍に達するという。この倍率は、香港が八年連続世界一となっている。年収のほぼ二〇倍。たとえば、貯蓄も多くない世帯年収五〇〇万円の家庭が一億円のマイホームを買うだろうか？　普通は買わない。というよりも買えない。ＣＢＲＥは香港について、「地球上で、不動産を取得するのがもっとも難しい市場」としている。

当然、賃貸住宅の家賃も異常に高い。同レポートによると、平均で二万一八〇〇香港ドル（約三一万一〇〇〇円）だという。米ブルームバーグの記事によると、あまりに高い家賃に嫌気がさした若者の中には、工業用の建物に住む人もいるという。居住物件ではないため、住環境はまったく良くない。水道水にはサビが混じっていたり、停電も頻繁に起きる物件も珍しくないという。当然、居住するのは違法だ。それでも「入居」希望者がいるのは、とにかく家賃が安いからだ。

三二歳の写真家ワー・リーさんが住んでいるのは、沙田競馬場近くにある漢方のオイル倉庫とローストミートを作る業務用厨房が入ったビルの一角。ルームメートと共に支払う家賃は月額約一万一〇〇〇香港ドル（約一五万六〇〇〇円）で、この地区の賃貸住宅の半分以下だ。

（米ブルームバーグ二〇一八年八月二七日付）

香港では、このような劣悪な居住環境にさえ、月に一五万円強もの家賃がかかるのだ。ＵＢＳが算出した二〇一八年の主要二〇都市グローバル不動産バブル指数は、香港がトップだ。つまり、香港は不動産バブルのリスクが世界でもっとも高い都市というわけだ。

バブル崩壊の足音に怯える市場

二〇〇八年の未曽有の金融危機を受け、世界は極めて異例かつ大胆な金融緩和と財政出動を行ない、恐慌を回避した。その結果、資産価格は持ち直し、非常に息の長い景気拡大がもたらされた。二〇〇九年六月に始まった米国の景気拡大は、ついに一〇年を超えた。一九九一年三月～二〇〇一年三月までの一二〇ヵ月（一〇年）を超え、過去最長記録を更新中だ。

二〇一二年一二月に始まった日本の景気拡大（アベノミクス景気）も、七年目を迎えた。こちらも戦後の最長記録（二〇〇二年一月～〇八年二月までの七三ヵ月）にほぼ並び、記録更新の可能性もある。

しかし、多くの人々にとって好景気の実感は乏しいと言わざるを得ない。その大きな原因は、成長率の低さだ。あれほどのバラマキを行なったにも関わらず、成長率があまりにも低い。一九九一〜二〇〇一年の米国の年平均成長率は三・六％であったが、現在の景気拡大局面では二・三％に留まる。日本の成長率は名目で一・八％、実質では一・二％とさらに低くなっている。日米共に失業率など雇用環境は大きく改善したものの、賃金や物価は上昇が鈍いままだ。

資産価格については十分持ち直し、むしろバブルのリスクが高まる。そのリスクを考えれば金融を引き締めたいところだが、経済そのものの体温が上がらないため緩和の縮小や利上げも思うようにならない。金利が上がらないから資産価格はますます高騰し、バブルが膨張して行く。市況が良いのに価格上昇にブレーキをかける利上げは実施されない。株式、不動産の両市場にとって、「適温相場」と呼ばれる実に心地よい市場環境が続いた。

このような環境の中、株式市場、不動産市場共に大きく上昇してきたわけだが、最近になり雲行きが怪しくなってきた。二〇一八年以降、株式市場はたびたび急落に見舞われている。特に、二〇一八年一〇月から年末にかけて株価は大きく下落した。ニューヨークダウは、二〇一八年一〇月三日の高値二万六八二八ドルから、同年一二月二四日には二万一七九二ドルに下落した。

株価の大幅調整の要因には米国の利上げがある。

米経済は低体温ながらも、他の国に比べ相対的に堅調であり、主要国の中で唯一、継続的に利上げを進めてきた。そこにトランプ政権による対中制裁関税の発動や、米連邦政府の暫定予算期限切れによる一部政府機関の閉鎖などもあり、世界景気の先行き懸念が広まったことで株価が急落した。ＭＳＣＩ ＡＣワールド指数は三年ぶりの下落となり、二〇一八年の年間騰落率はマイナス一一・二％となった。年間騰落率はほとんどの国でマイナスとなり、ニューヨークダウがマイナス五・六％、日経平均がマイナス一二・一％となった。

二〇一九年に入り、本書を執筆している九月時点で株式市場は持ち直している。ニューヨークダウは、七月には二万七三五九ドルの史上最高値を記録した。

ニューヨークダウチャート

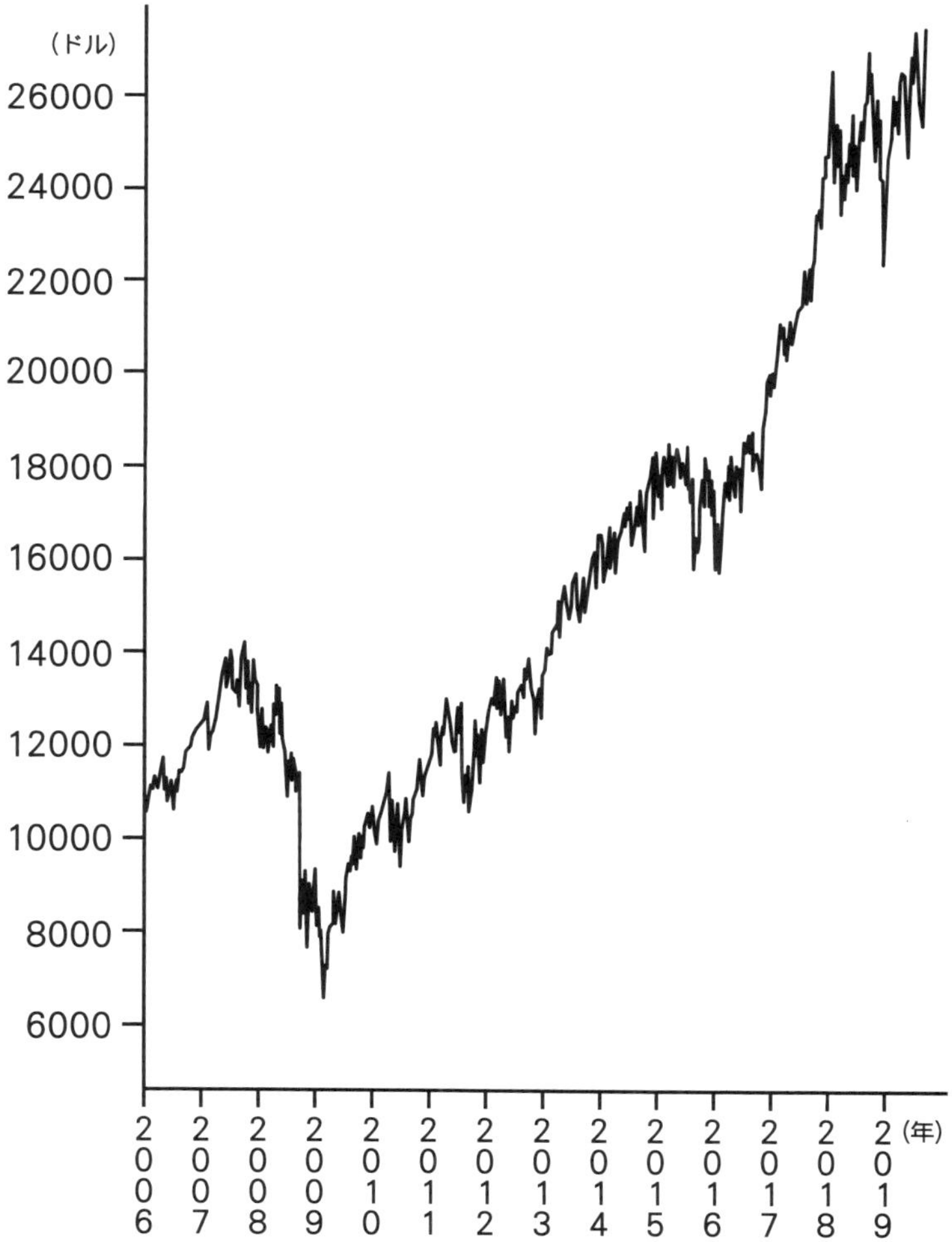

しかし市況の安定には程遠く、五月、八月と株価が大きく下落する場面もあった。米中貿易摩擦が激化する中、トランプ大統領のツイートに市場はしばしば振り回された。米中貿易摩擦はかつての日米摩擦と同様、短期間のうちに収束するとは考えにくく、今後も株式市場はこの問題に振り回され、しばしば乱高下に見舞われることだろう。

不動産市場についても似たような状況で、数年前までの上昇の勢いはない。オーストラリアでは、最大都市シドニーの住宅価格が二〇一七年七月のピークから約一五％下落し、不動産バブル崩壊が懸念される。二〇一九年六月には二年ぶりに上昇し、先行きに若干の明るさが見えてきたが、不動産市況は「シドニー、メルボルンという商業拠点以外では依然芳しくなく、銀行は引き続きローン承認に厳しい姿勢で、集合住宅のだぶつきも市場の重しとなっている」（米ブルームバーグ二〇一九年七月一日付）といい、不動産市場の本格回復は当分ないだろう。

他にもカナダやイギリスなどで、都市部を中心に不動産市場は弱含んでいる。

一見、好調を維持しているように見える米国の不動産市場も、新築戸建て住宅価格（中央値）で見ると二〇一八年後半以降、前年比でマイナスを記録する月が増えている。

マネックス証券のチーフアナリスト・大槻奈那氏は、不動産市況鈍化の要因として、各国政府の施策と米中貿易摩擦により中国マネーの流入が大幅に減ったことを挙げる。住宅価格の高騰に対する住民の不満が高まり、各国は外国人による不動産購入の制限や、空き家に対する課税強化といった施策を実施した。さらに米中貿易摩擦が中国景気を冷やし、それまで世界の不動産価格を押し上げてきた中国マネーの流入が急減したというのだ。特に、「中国から米国への直接投資額は、二〇一六年のピークから九分の一まで低下した」（『マネー現代』二〇一九年三月三〇日付）といい、今後の米国不動産市場には相当厳しい逆風となると考えられる。

二〇一九年四月には、ＩＭＦ（国際通貨基金）が世界金融安定報告を公表し、世界的な住宅価格高騰に対し警告を発した。それによると、世界の主要都市の住宅価格は今後二年間、五％の確率で年一二％下落すると試算し、そうなった場合、先進国では三一％の確率で金融危機が発生するという。

本当に恐ろしいのは「債券バブル」

量的緩和の副作用として、株や不動産などの資産バブルが膨張し、その崩壊が懸念されるが、実は株や不動産をはるかに上回る巨大なバブルが膨張している。それこそ、「債券バブル」だ。債券は、株や不動産と比べるといかにも地味で目立たないが、債券バブルに比べれば株や不動産のバブルなどかわいいものに思える。本当に恐ろしいのは、債券バブルだと言ってよい。そのくらい、現在の債券バブルは常軌を逸している。

ただ、「債券バブルだ」と言われても、ピンとこない人も多いだろう。ニュースなどを聞いてもわかるが、現物の債券市場について報道される場合、通常は債券の「価格」ではなく「利回り」が用いられる。そして、債券の利回りが下がるほど債券価格は上がることになり、それが一般の人たちに債券バブルを見えにくくしている。

なぜ、債券の利回りが下がるほど債券価格は上がることになるのか？　簡単に説明しよう。価格が一〇〇円で、毎年二％の利払いがある「債券Ａ」があるとする。この利払いは購入した時点で確定し、この債券を保有する人は毎年二円の利払いが得られるわけだ。その後、市場の金利が低下し、新たに価格が一〇〇円で毎年一％の利払いがある「債券Ｂ」が発行されたとする。債券Ａと債券Ｂは同じ発行体の債券で、利払い以外の条件はすべて同じである。あなたなら、どちらの債券を買いたいか？　当然、誰もが債券Ａを選ぶだろう。すると、債券Ａの買い手が増えるため、価格が上昇するわけだ。

市場の金利が上昇した場合は逆になる。債券Ａが発行された後、市場の金利が上昇し、新たに価格が一〇〇円で毎年三％の利払いがある「債券Ｃ」が発行されたとする。すると、今度はより利払いの多い債券Ｃの魅力が上回る。その結果、債券Ａの買い手が減り、価格が下落するわけだ。

こうして、債券の利回りと価格は逆に動く。実際には両者はもっと複雑なメカニズムで変動するが、専門家でなければこの程度の理解で十分だろう。そして、債券の利回りと市場の金利は互いに強い影響をおよぼすから、金利と債券価格も逆に動く。このような仕組みについては、どうしても難しければ理解しなくても問題ないが、「金利と債券価格は逆に動く」という金融の常識だけは必ず覚えておきたい。

債券についてはもう一つ、「金融の常識」がある。それは「株価と債券価格は逆に動く傾向がある」というものだ。景気の回復局面や好況期など経済状態の良い時期には、債券よりも株式に資金が向かい、株高・債券安の展開になりやすい。逆に景気の後退局面や不況期には、株式よりも債券に資金が向かい、株安・債券高になりやすい。

株と債券を比べると、一般的には株の方が期待リターンが高く、その分リスクも高い。好況期には資産価格下落に対する警戒感が弱まり、より期待リターンの高い株式に資金が向かい、不況期には資産価格下落に対する警戒感が強まり、よりリスクの低い債券に資金が向かう。

中央銀行による金融政策の影響も大きい。中央銀行は、好況期には景気の過熱を抑えるために政策金利を引き上げる。好況により株式が堅調に推移する一方、金利の上昇は債券価格の下落をもたらすから、好況期には株高・債券安の展開になりやすい。逆に、不況期には中央銀行は景気を刺激するために政策金利を引き下げる。不況により株式が軟調に推移する一方、金利の低下は債券価格の上昇をもたらすから、不況期には株安・債券高になりやすい。

世界は「債券バブル」になっている

では、二〇一九年現在の経済環境はどうかと言えば、すでに述べたように、米国は二〇〇九年六月以降、日本は二〇一二年一二月以降、景気拡大を続けてきた。両国共に成長率は低いものの、好況期にあるということだ。このような時期には、「株高・債券安」になりやすい。ところが、この景気拡大局面においいては「株高・債券高」の展開が続いているのだ。

しかも、債券価格の上昇は尋常ではない。金利と債券価格は逆に動き、金利の低下は債券価格の上昇をもたらすから、金利が低ければ低いほどそれだけ債券価格は高いということになる。ご存じのように、異常な低金利だ。日本では、バブル崩壊の後遺症で二〇年以上にわたり地を這うような低金利が続いているが、リーマン・ショック以降、米欧をはじめ多くの国が異常な低金利状態に陥った。異常な低金利状態ということは、すなわち異常な債券高状態ということだ。そう、世界は債券バブルとしか言いようがない状態にあるのだ。

世界の債券バブルが、どのくらいひどい状態にあるのか見て行こう。まずは、世界の債券市場において、もっとも重要な指標である米国債（一〇年物）の利回りの推移を確認する。リーマン・ショックの前までは四～五％程度で推移していたが、リーマン・ショック以降はほぼ四％を下回る水準で下落基調を鮮明にし、二〇一二年以降はおおむね一・五～三％の範囲内での動きになっている。

二〇一六年七月には一・三％台まで低下した。本書を執筆している二〇一九

米10年債利回り

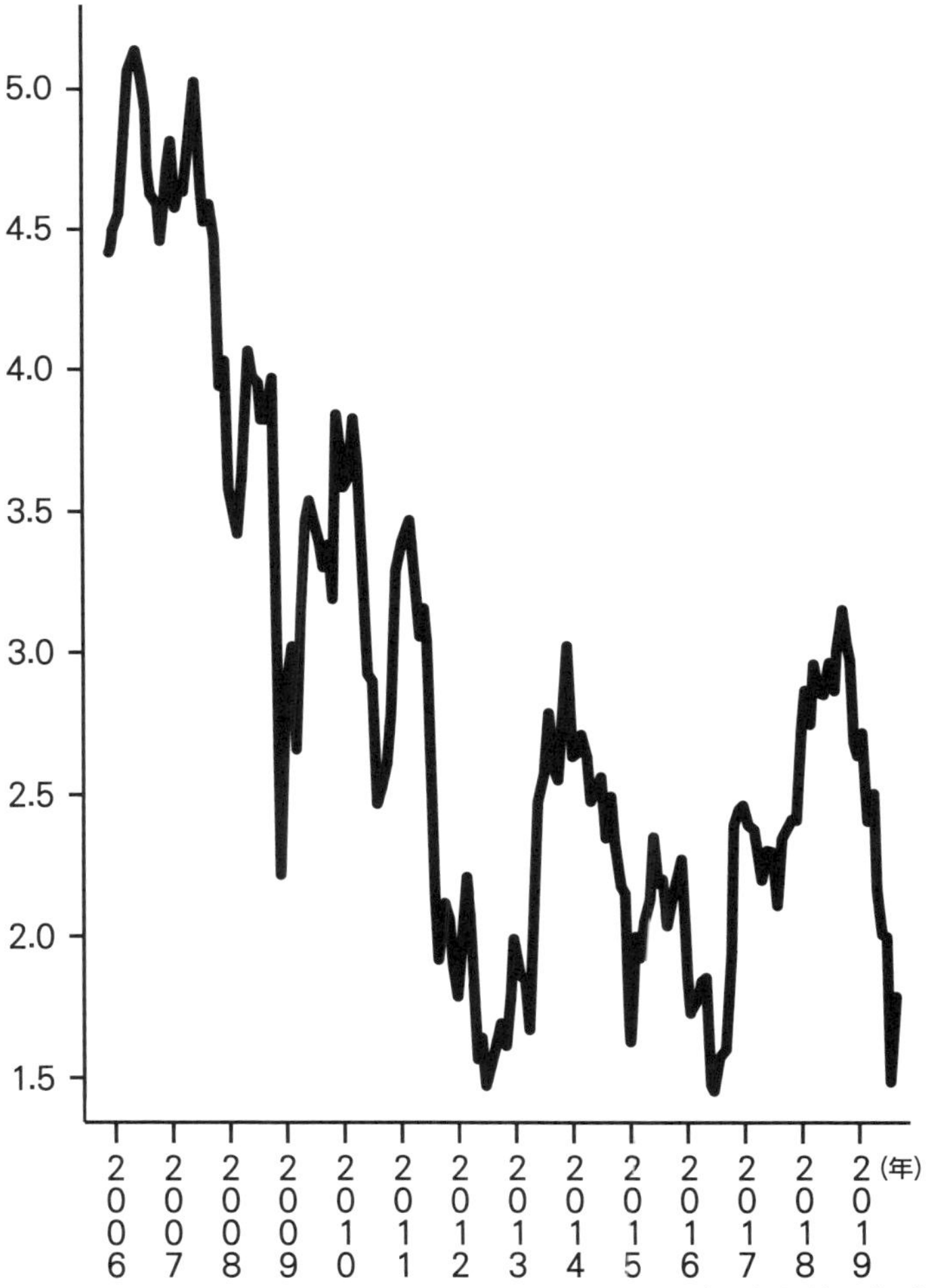

Investing.comのデータを基に作成

年九月における米一〇年債利回りは一・五～一・九％程度で推移しており、かなり低い水準にある。それだけ債券価格が高いということだ。

それでも、米国の金利は他の先進国に比べればかなり高い方だ。つまり、他国に比べれば、債券バブルの程度はマシということだ。これは金融危機以降、米国の景気は主要国の中では相対的に良好だったことが大きい。多くの国がなかなか利上げに踏み切れない中、米ＦＲＢは二〇一五年一二月を皮切りに九回の利上げを実施した。

欧州の債券市場についても、リーマン・ショック以降、債券高トレンドを鮮明にしている。ドイツ国債（一〇年物）の利回り推移を振り返ろう。リーマン・ショック前は四％前後で推移していたが、二〇〇八年には三％、二〇一一年には二％、二〇一四年には一％と、大台を次々に割り込んで行った。そして二〇一六年には、ついに利回りはゼロ％を割り込み、マイナス圏に突入した。その後、プラス圏への多少の戻りはあったものの、二〇一八年秋以降、利回りの低下は顕著になり、二〇一九年八月にはマイナス〇・七％台まで沈んだ。米

ドイツ10年債利回り

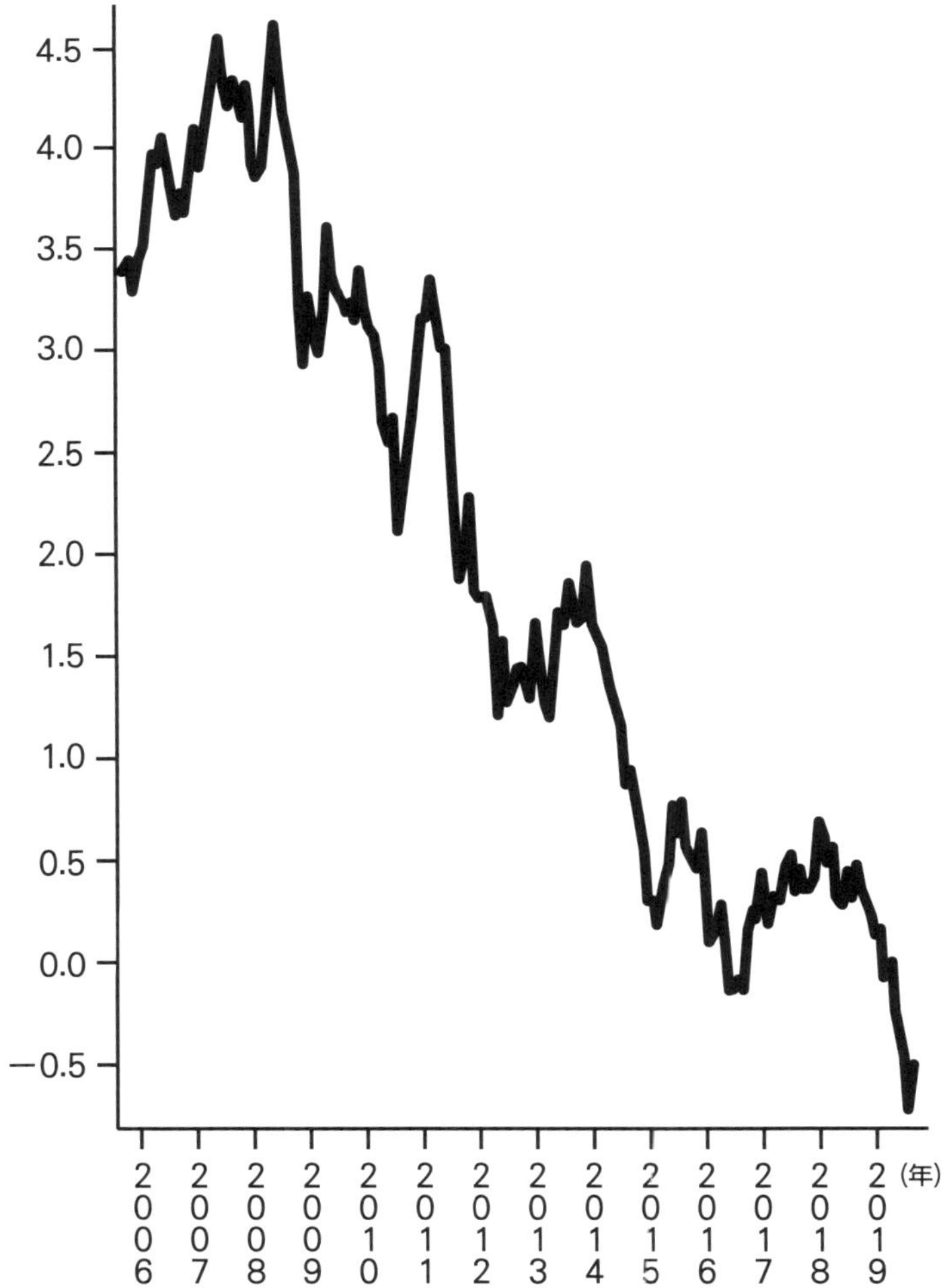

Investing.comのデータを基に作成

国に比べると約二%も下回る低い利回りで、それだけ債券バブルが進行していると言える。

日本国債の利回りもマイナス圏に沈む。日本はバブル崩壊後、低金利が慢性化しており、他国と異なり金融危機以前からすでに国債利回りは低い状態にあった。日本国債（一〇年物）の利回り推移を振り返ると、リーマン・ショック前は一・三～一・八%程度とすでに歴史的な低金利であった。それがリーマン・ショック以降はドイツ国債と同様、じりじりと水準を切り下げて行った。二〇一〇年には一%、二〇一四年には〇・五%、そして二〇一六年にはゼロ%を割り込み、同年七月には過去最低のマイナス〇・三%まで低下した。

このように、米国、欧州（ドイツ）、日本のいずれも一〇年債利回りは、異常な水準まで沈む。マイナス利回りになっている欧州と日本に比べれば、米国は一%台後半と相対的に高い利回りを付けているが、二%弱のインフレ率を考慮した実質利回りは若干のマイナスになる。つまり、実質ベースでは日米欧ともマイナス利回りになっている。いわゆる、「マイナス金利」状態だ。

日本10年国債利回り

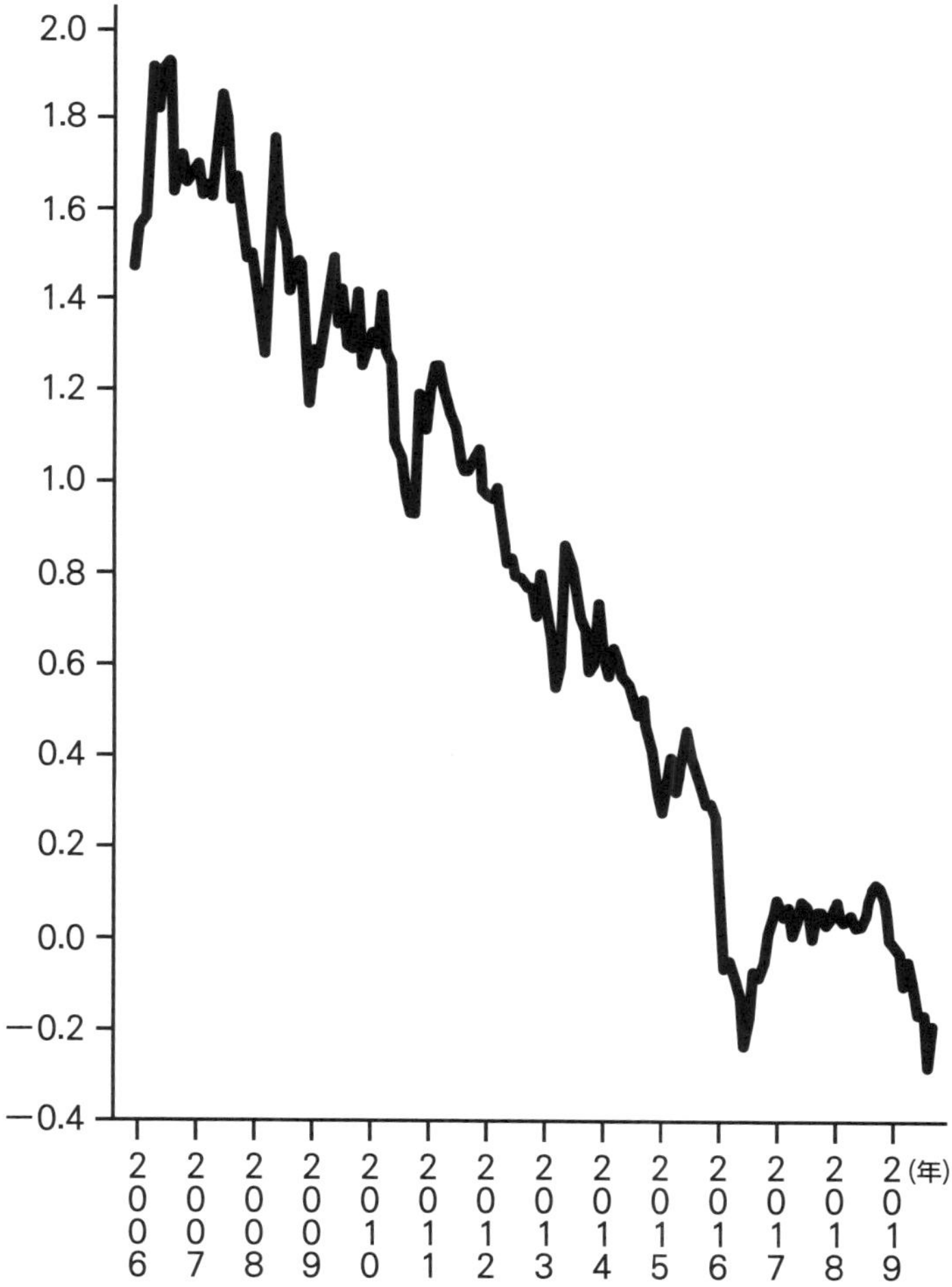

Investing.comのデータを基に作成

マイナス金利下でお金を貸すメリットとは？

そもそも債券とは、国や企業などの発行体が投資家から資金を借り入れるために発行する有価証券であり、いわば借用証書だ。投資家はお金の貸し手であり、発行体はお金の借り手だ。普通、融資はお金を借りる方が利子を払い、お金を貸す方は利子をもらう。ところが、金利がマイナスになるということはこの関係が逆転し、お金を貸す方が利子を払い、お金を借りる方は利子をもらうという異常な状態だ。まるで、中学校に入学した子供がそれまでの「算数」が「数学」と名前を変え、負の数（マイナス）などというこの世に存在しない数を習う時と同じような衝撃だ。

お金を借りて利息がもらえる……借り手にとっては最高だが、そもそも利子を払ってまでお金を貸す人などいるのだろうか、と考えるのが普通だが実際にマイナス金利の取引が成立しているわけで、貸し手にも当然メリットがある。

大きなメリットとしては、短期的な売却益への期待がある。マイナス利回りの債券を満期まで保有すれば損失が出る。しかし満期前に売却すれば利益が出る可能性もある。債券の利回りがさらに下がればよい。投資時よりも利回りが下がれば、債券価格は上昇する。その時点で売却すれば利益が得られるわけだ。

また、日本国債については、海外投資家にとって投資するメリットが大きい。日本の銀行や生命保険会社といった機関投資家は外債投資を行なう際、手持ちの円を担保にドルを調達する。その際に手数料を支払う必要がある。逆に、ドルを供給する海外投資家は手数料を受け取る。二〇一九年九月現在、この手数料は二％台半ばだ。海外投資家にとっては、この手数料を含めると日本の一〇年債利回りは二％程度になり、一％台後半の米国債を買うよりも投資妙味があるわけだ。そのため、海外投資家による日本国債への投資は急増している。

財務省の統計によると、二〇一九年一月～八月における海外投資家による日本の中長期債の買い越し額は、約一二兆二〇〇〇億円であった。一ヵ月当たりでは約一兆五〇〇〇億円となる計算で、過去最高となっている。

「とりあえずキャッシュ！」

これだけ低コストで有利にお金を調達できる環境だから、企業による社債の発行も世界的に急増している。金利低下が加速したこともあり、二〇一九年九月の社債発行額は過去最高のペースだ。一日当たりの平均発行額は、一一二億ドル（一兆二三二〇億円）にのぼる。

大企業による数十億ドル規模の大型の起債も目立つ。九月だけでも米国のアップル、ウォルト・ディズニーが七〇億ドル、コカ・コーラが二〇億ドル、フランスのソフトウェア大手、ダッソー・システムズが四〇億ドル、日本でもソフトバンクグループが三七億ドルの社債を発行した。

資金調達の目的は設備投資などの成長に向けた前向きなものばかりではない。むしろ、より金利の低い社債への借り換えや自社株買いに向けられる資金が目立つ。社債により資金を調達し、その資金で自社株を買い戻すのだ。

自社株買いは、株価の上昇を促す。株を買うから上がるという直接の要因もあるが、それよりも株を買い戻すことで市場に流通する株が減る効果が大きい。自社株買いにより発行済み株式数が減れば一株当たりの利益が増え、その結果、株価が上がるというわけだ。自社株買い自体が企業に利益をもたらすわけではなく、一株当たりの分け前を増やすようなイメージだ。

一般に、企業は利益が上がればその一部をさらなる成長に向け、設備投資や研究開発などの投資に回す。しかし、近年は先進国を中心に世界的に成長率が低く、それらの投資が利益拡大につながりにくくなっている。そのため、株主還元の一環として自社株買いを行なう企業が増えている。株価上昇をもたらす自社株買いは多くの株主に歓迎されるし、企業にとっても発行済み株式数が減ることで配当金の支払い負担が減る。株主からの株主還元を求める圧力、配当金の負担、異常な低金利という状況を考えると、借金をしてでも自社株買いを行なう方が経営上のメリットが大きいということだろう。

実際、アップルは二〇〇〇億ドルもの手元資金があるにも関わらず、前述のように巨額の社債を発行している。まさにお金のバーゲンセール状態だ。居酒屋での「とりあえずビール！」ならぬ「とりあえずキャッシュ！」とでも言わんばかりの勢いで多くの企業が資金調達にまい進し、債務を増やし続けているのだ。米国の社債発行額は、年一〇〇兆円規模に達する。

日本でも社債発行、自社株買い共に急増している。日本企業による社債発行額は二〇一九年一月～九月の累計で一〇・五兆円にのぼり、四年連続で一〇兆円を超えた。年間では一九九八年の一三・七兆円を超え、過去最高額となる可能性が出てきた。一方、日本企業の自社株買いはすでに日銀によるＥＴＦ買いを上回り、二〇一九年度には一〇兆円に達する可能性がある。自社株買いが株バブルを助長し、相場を下支えしているのは間違いない。

発行された社債にはいくらでも買い手が付く。一般に、社債はその国の国債に比べ信用力が劣るから、その分利回りが高い。先進国の国債利回りが次々にマイナス圏に沈む中、プラスの利回りが残る社債には投資マネーが殺到する。旺盛な社債への需要により、社債の利回りはどんどん低下している。国債に対する上乗せ金利（スプレッド）に見合わないほどに、利回りの低下した社債も増えてきた。ついには、マイナス利回りの社債も登場した。

たとえば、フィンランドの通信機器大手、ノキアのユーロ建て債の流通利回りがマイナスになっている。米Ｓ＆Ｐグローバル・レーティングによる同社の格付けはダブルＢプラス。投機的等級と呼ばれる低格付けだ。このような低格付け債は信用力が低い分、利回りが高く「ハイイールド債（高利回り債）」と呼ばれる。信用力の劣る高利回り債ですら、マイナス利回りに沈む異常さだ。

日本でも、ホンダファイナンスや西日本高速道路が利回り〇・〇〇一％の社債を発行した。財投機関債では、日本学生支援機構が発行する二年債の利回りがマイナス〇・〇〇〇五％となった。

容易に低利で資金調達できる環境は、本来なら存続できないはずのいわゆる「ゾンビ企業」も増殖させている。収益力が低く財務内容が悪い企業でも、負債により資金繰りが可能になり延命できるからだ。二〇一九年八月一一日付の日本経済新聞によると、三年連続で借金の利払いが営業利益を上回る「ゾンビ企業」は一〇年で倍増し、二〇一八年度には世界で約五三〇〇社にのぼるという。金融緩和が企業の財務規律を緩ませ、フリーキャッシュフローは八年連続でマイナスだ。二〇一八年度は、企業の支出に相当する「投資キャッシュフロー」が、稼ぎに当たる「営業キャッシュフロー」を一兆ドル近く上回ったという。

支出超過の穴を埋めるのは「借金」だ。世界の上場企業の有利子負債は一〇年で八割弱増加し、一八年度には約二〇兆ドルにのぼる。

有利子負債の急増により、これほどの超低金利にも関わらず、支払利息は約八〇〇〇億ドルと一〇年で四割増加している。ひとたび金融危機や市場の混乱に見舞われれば、ゾンビ企業をはじめ過大な債務を抱える多くの企業が資金繰りに窮し、経営に行き詰まることは火を見るよりも明らかだ。

二京七〇〇〇兆円が爆発する時

米国が二〇一五年に利上げに転じた後、世界は徐々に金融緩和の出口に向かうと思われた。米国の利上げはドル高をもたらし、新興国からの資金流出が懸念された。

ところが、空前規模の金融緩和や財政出動により資産価格は持ち直したが、実体経済は思うように上向かなかった。米国でさえ景気の低空飛行から抜け出せなかったのだ。そして、二〇一八年一〇～一二月にかけての株式市場の急落や米中貿易摩擦による中国景気の減速などの逆風を前に、米国の利上げ局面は前倒しでの終了を余儀なくされた。さらにFRBは、トランプ大統領の圧力もあり、二〇一九年には利下げに転じた。景気拡大局面のさなかの「予防的利下げ」は強力なカンフル剤となり、前年に大幅に下落した株式市場は、二〇一九年が明けると急速に回復した。

米国の利下げにより、当面、資金流出のリスクが低下した新興国を含め多くの国が米国に追随して利下げを実施した。ECBも金融緩和に舵を切った。ECBは二〇一八年一二月に量的緩和を打ち切ったばかりだが、早くも二〇一九年一一月より再開することを決めた。

こうして、世界は再び株も債券も上昇する金融緩和相場へと逆戻りした。しかし、十分過ぎるほど値上がりした株式市場はこれらのカンフル剤注入にも関わらず、上値の重さが目立ち始めている。債券市場にいたっては、さらなる巨大バブルへとばく進中だ。マイナス利回りの債券の残高は世界で約一七兆ドルにのぼる。二〇一九年九月時点で年初から二倍という信じがたいペースで増加している。今や、債券全体の四分の一がマイナス利回りになっており、「異常」が徐々に「標準」になりつつある。

世界的な金融緩和の再開は、資産バブルをますます膨張させるだろう。政府、企業、家計を問わず安易な借り入れが横行し、二京七〇〇〇兆円という世界の総債務残高もさらなる増加が避けられないだろう。そして、次にやって来る金融危機の際には、政府、企業、金融機関、家計が抱える巨額の債務に次から次へと火が点《つ》く可能性が高い。

債券バブルが崩壊すれば、マイナス利回りの債券でも高値で転売できるという期待は剥《は》げ落ち、投資家はわれ先にと債券を売り急ぐ。債券価格の急落と共にマイナス利回りの債券はあっと言う間に消滅し、金利は急上昇するだろう。金利の上昇は、いよいよ過剰債務を抱えた政府、企業、家計を窮地に追い込む。景気は一気に冷え込み、株バブルも崩壊する。

株バブルが先に崩壊するシナリオもあり得る。株式市場が急落し、景気の先行き不安が高まれば、債券の中でもゾンビ企業は言うにおよばず低格付けの社債は真っ先に売られるはずだ。市場は信用リスクを正視せざるを得なくなり、金利は本来の水準、いやそれ以上に上昇する可能性が高い。こうして債券バブルも崩壊する。

これまで金融危機は、幾度となく繰り返されてきた。それは、これからも変わらないだろう。金融危機は必ず起きる。これは世界経済の宿命だ。そして、次の金融危機では巨額債務を背景とする債券バブルの崩壊、すなわち金利の大幅な上昇が世界経済を根底から激しく揺さぶる可能性が高い。身の丈を超えた借金は、いずれ身を滅ぼすということだ。

二京七〇〇〇兆円が爆発する時は、刻々と近付いている。

第二章

金融大恐慌

——あなたの預貯金は戻ってくるか

他人が貪欲になっている時は恐る恐る。周りが怖がっている時は貪欲に

（ウォーレン・バフェット）

次の恐慌で危機に陥るのは誰だ!?

「危機の歴史をたどると、ＩＴ（情報技術）バブルでは企業の債務が膨らんだ。住宅バブルでは債務問題は家計に移った。次に国債を発行して危機を救済した政府の債務が膨らみ、その国債を中央銀行が量的金融緩和のなかで吸収している。債務移転の流れを考えると、中銀が管理する各国通貨にリスクがたまっているようにもみえる」——少々古い内容だが、二〇一七年八月一四日付の日本経済新聞にこんな記事が載った。

第一章で見てきた通り、世界の総債務は二京七〇〇〇兆円に達し、人類未踏の領域に突入している。そして、この記事で指摘されているように、世界の債務構造は「企業」から「家計」、そして「政府」に動いて行ったという流れは、統計上からも明らかだ。

国際金融協会（ＩＩＦ）が発表した二〇一七年末時点の世界の債務推移を見

ると、政府部門が二〇〇七年からの一〇年間で債務をほぼ二倍にまで増やしていることがわかる。ということは、これまでの流れから次の恐慌で危機に陥るのは「政府部門」ということになるのだろうか。しかし、コトはそう単純ではない。ＩＩＦの統計をよく見てみるとわかるが、金融危機に先立つ一〇年間、つまり一九九七年からリーマン・ショック直前の二〇〇七年までに、もっとも債務を増やしたのは実は「金融セクター」なのだ。一四兆ドルから五三兆ドルと、実に約三・八倍にも膨れ上がらせていることがわかる。

その要因は、サブプライムローンを筆頭にした住宅バブルとそれを巧妙に使って新たな金融商品を作り出し世界中に売りさばいたことにある。この金融商品が、住宅バブルをより危険で重大なものに発展させた立役者でもあるのだ。

金融システムの終焉までささやかれた先の金融危機では、政府部門が金融セクターの債務を事実上ほぼすべて肩代わりする格好で無理やり事態を収束させた。政府部門が二〇〇七年以降に債務を増やした理由は、金融セクターの莫大な借金の尻拭いという側面が大きく影響しているのだ。

世界の債務額

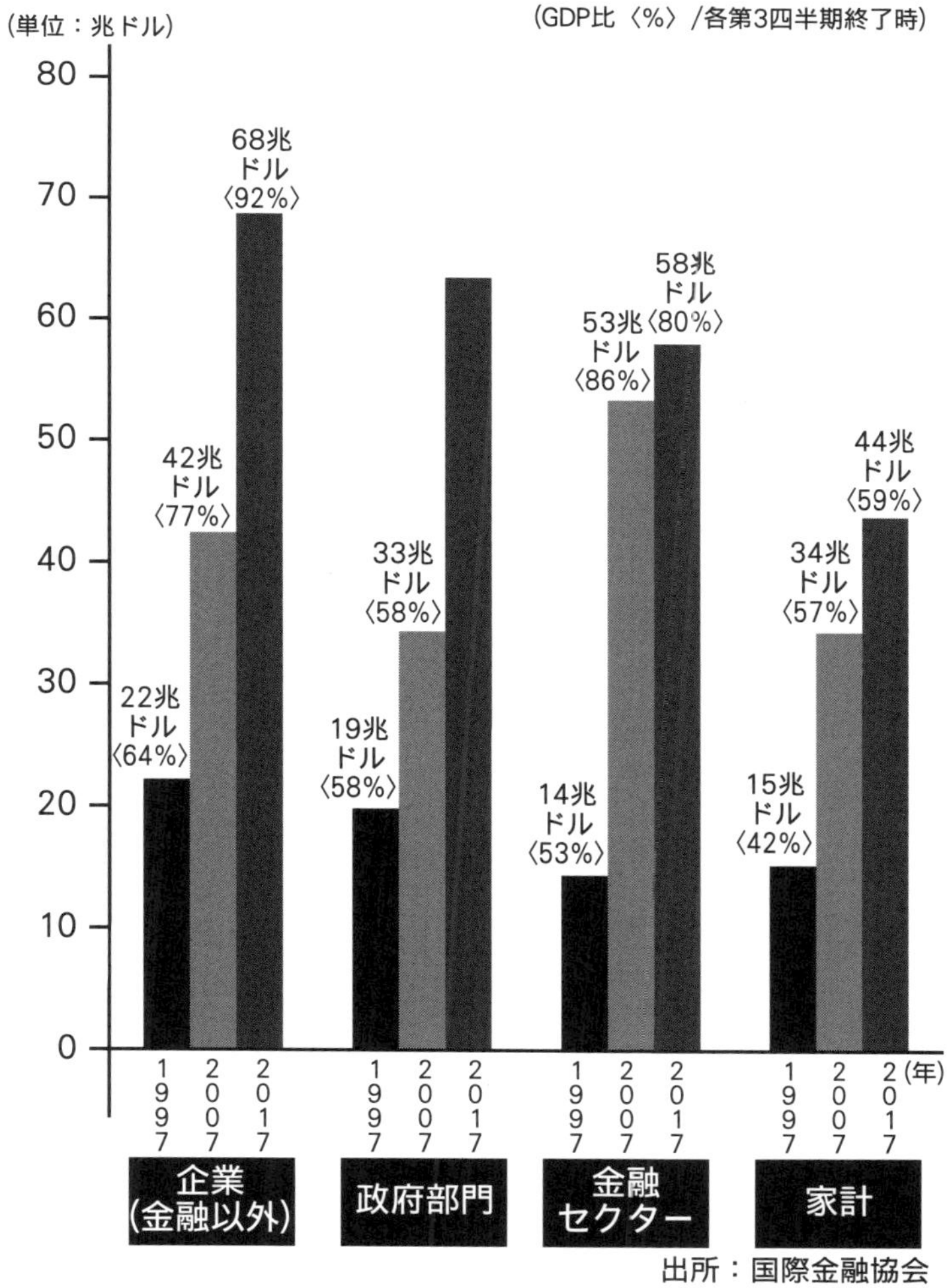

出所：国際金融協会

では、二京七〇〇〇兆円の債務がどんな形に姿を変え、私たちに襲い掛かってくるのだろうか。

今回に関して言えば、その発火点を予測することは極めて難しい。なぜなら、この莫大な借金はどこか特定の市場や産業、あるいは国や地域に流れ込んでバブルを引き起こしているわけではなく、世界中のあらゆるところに浸潤し、各所でパンパンに膨れ上がった浮腫のごとき様相になっているためだ。

たとえば、韓国、中国、タイ、マレーシアといった東アジア諸国では、家計債務が突出して膨張している。その一方で、中国では企業部門が突出した債務を抱えている。二〇〇八年の金融危機後、いち早く回復を見せた中国だったが、政府主導の景気対策により実施された大規模インフラ投資によって、企業部門での債務が急拡大したのだ。他にも、韓国とユーロ圏各国では金融危機以降も企業債務が高止まりしており、カナダでもじりじりと企業債務が積み上がりつつある。

住宅バブルともいえる状況も見受けられる。先の金融危機の引き金となった

東アジアでは10年間で家計債務が膨張

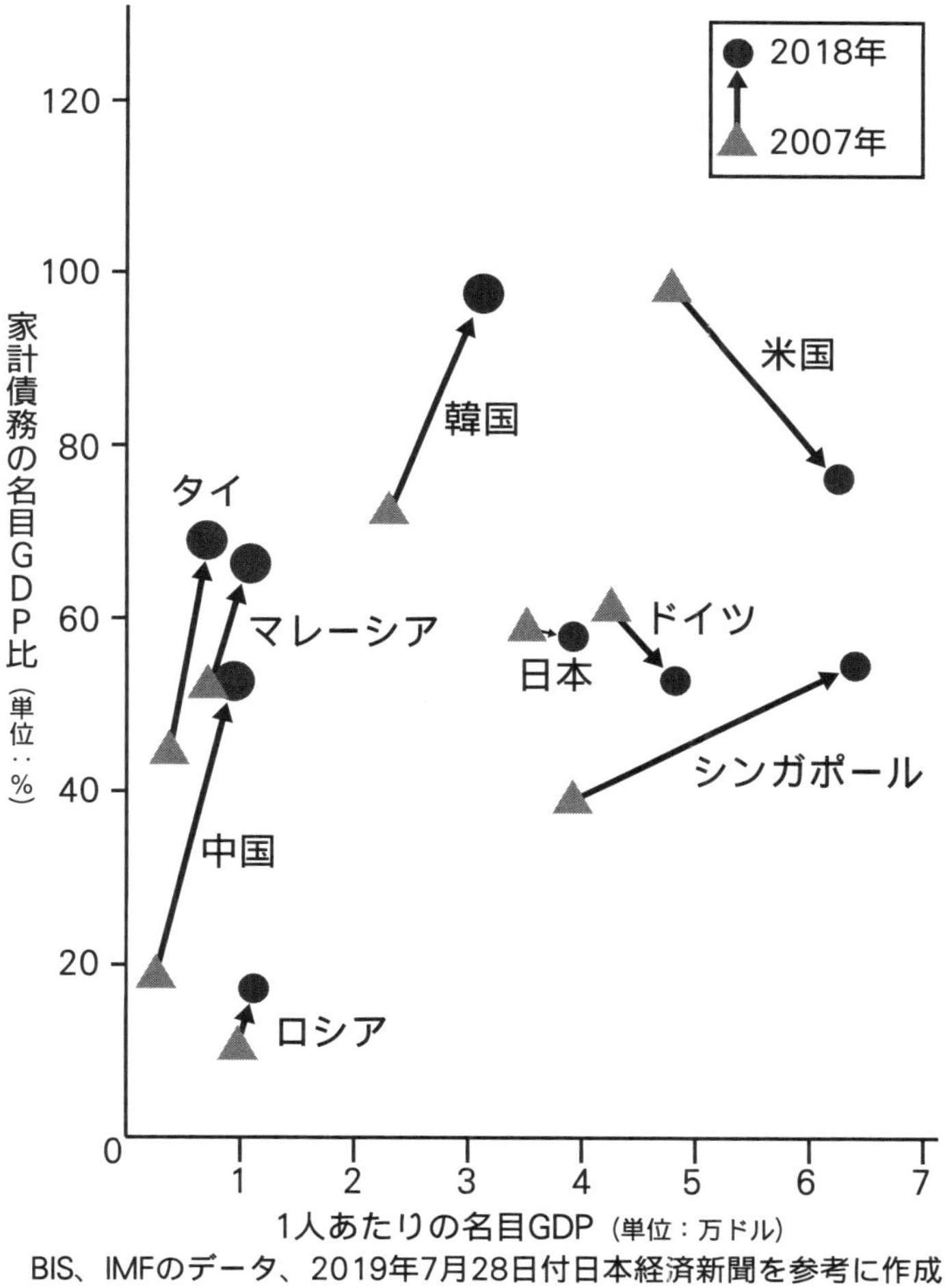

BIS、IMFのデータ、2019年7月28日付日本経済新聞を参考に作成

のは米国の住宅バブル崩壊だったが、米国では再び住宅価格の上昇が起きている。イギリスでも同様だが、さらに驚くべきはカナダとオーストラリアだ。金融危機の影響をものともせず、住宅価格は二〇〇〇年代以降一本調子に上がり続けているのだ。

しかし、住宅バブルの筆頭と言えばニュージーランドと香港だろう。私は長年ニュージーランドを訪れているが、二〇年前には三〇〇〇万円ちょっとだった物件が、今や二億でも買えないという状態でしかも買ってもすぐに住めないほどボロボロ、さらにリフォーム業者を頼もうにも人手不足で、よほどお金を積まないときてくれないというありさまである。今のニュージーランドの不動産は、割高過ぎてとても手出しできるものではない。

また、香港については二〇一八年秋に私が自ら不動産物件を視察・取材したが、東京のマンション相場と比較してゆうに一〇倍を超える超高値に驚愕した。もともと香港の不動産は高かったが、この一〇年でさらにその差が開いた格好だ。なにしろ、香港の住宅価格はここ一〇年で約三倍に跳ね上がったのだ。中

住宅バブルも懸念すべきレベルに膨張

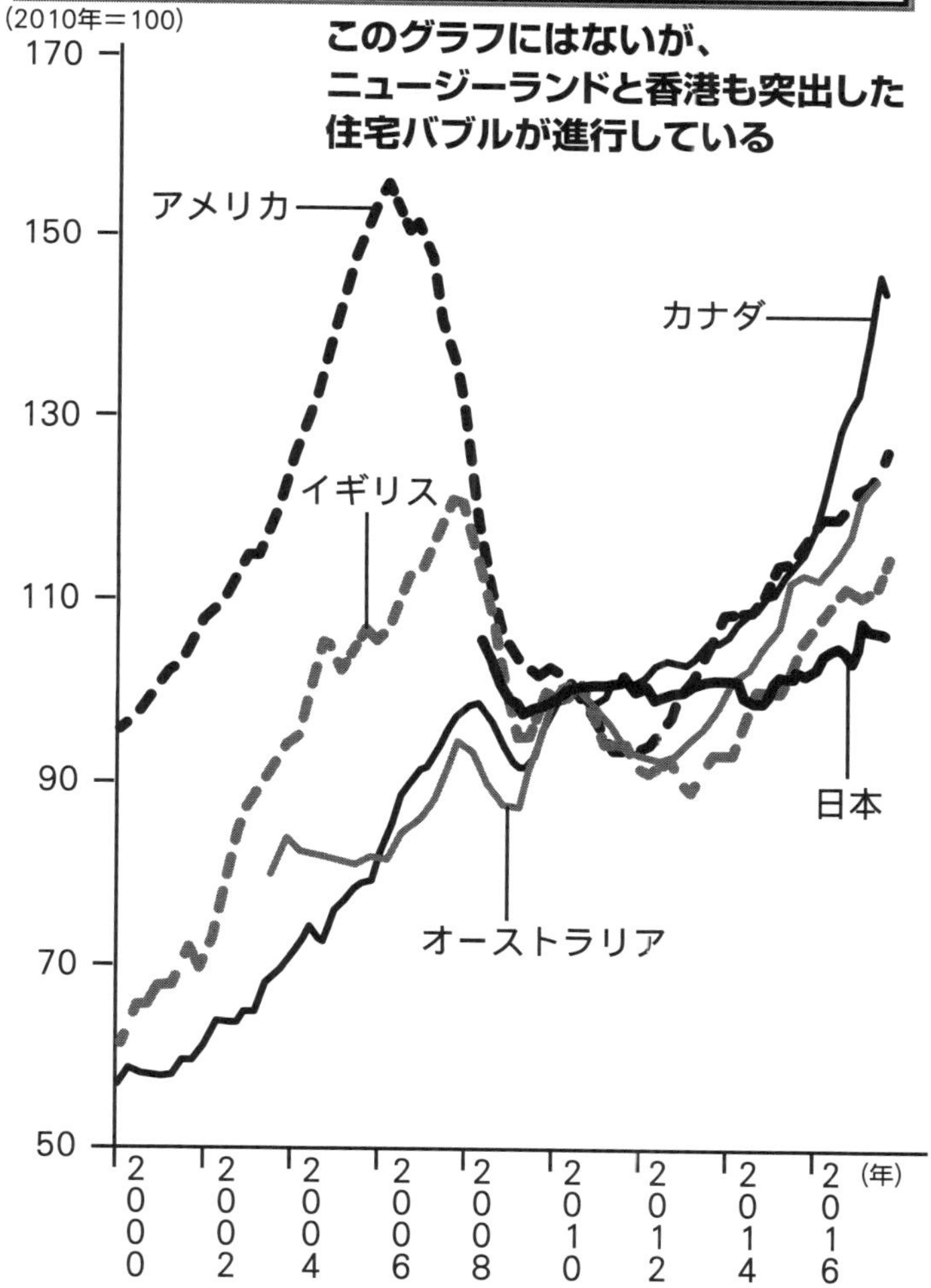

BISのデータを基に作成

国本土から富裕層の資産が流れ込んだことが原因だが、持ち家が社会的なステータスである香港人にとってはたまったものではない。家が買えず、そのため結婚もあきらめる若者が続出しているという。香港では、二〇一九年六月に「逃亡者条例改正案」をきっかけにデモが勃発したが、中国人が香港の経済や生活に悪影響をおよぼしているという「見えざる認識」も、心理的な背景にあると言われている。

そして、政府部門が債務を積み増している国もある。重債務国ランキング上位にはギリシャ、イタリア、ポルトガルといった南欧諸国が上位に並ぶが、やはりダントツの一位を独走しているのが、わが国・日本である。国家の債務は家計や企業に比べて簡単にははじけ飛ばないが、もし爆発すればその国には地獄が出現するだろう。むろん、世界経済への深刻な影響も避けられない。

膨れ上がった債務は、いずれ破裂するのが世の習いだ。それは、過去のバブル崩壊を見れば一目瞭然である。前述の通り、二〇〇八年の金融危機では米国の住宅債務（サブプライムローン）が行き詰まったこと、すなわち不動産バブ

金融危機後は政府債務の膨張も見られた

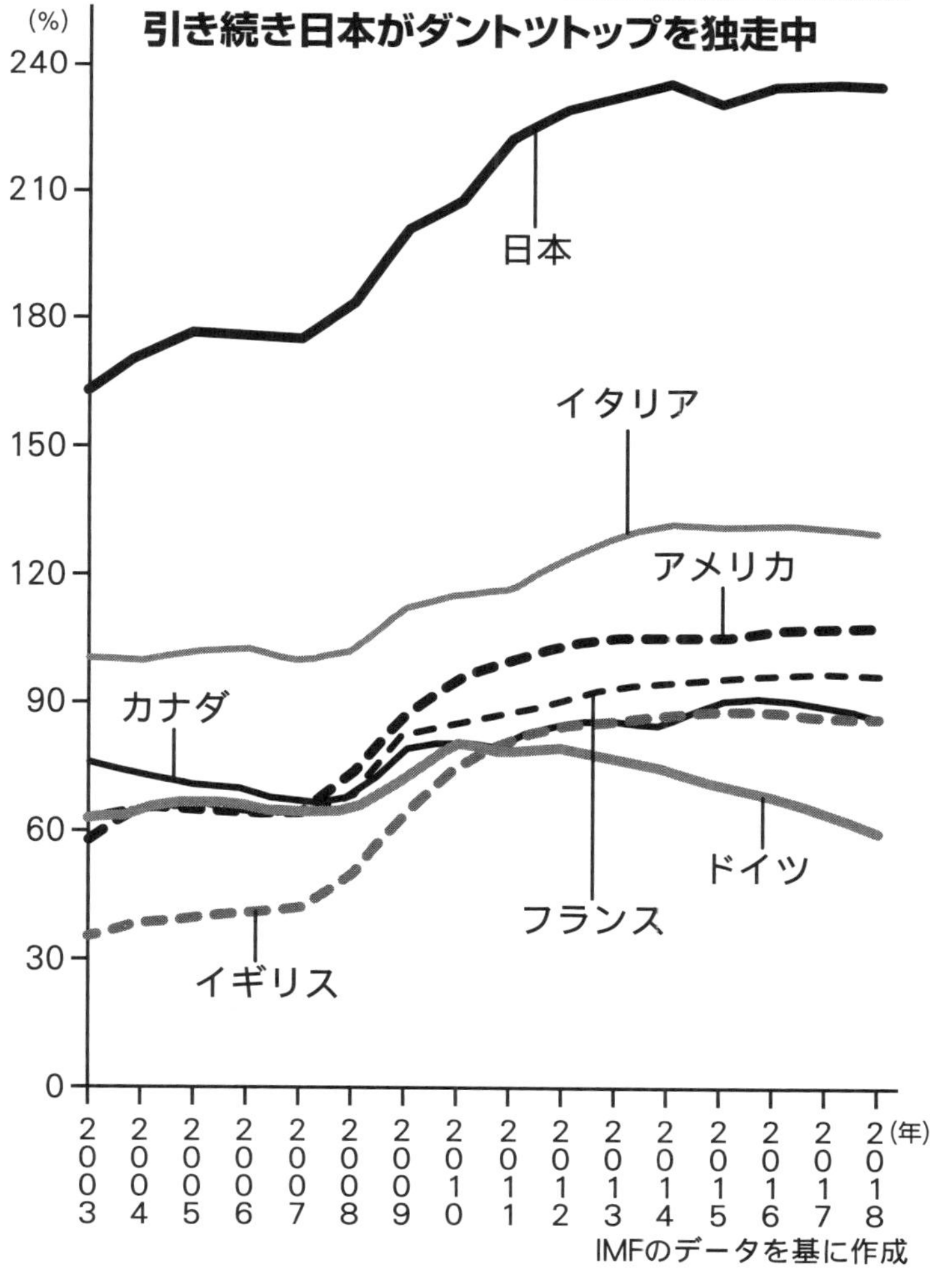

IMFのデータを基に作成

ルの崩壊が引き金となった。それが金融危機にまで発展したのは、最新の金融を駆使し住宅債務を巧みに組み込んだ金融派生商品や証券化商品を世界中の金融機関がこぞって保有していたためである。

二〇〇一年の景気後退は、米国を中心としたＩＴ企業の行き過ぎた株価が急落したことが要因だった。一九九〇年代末、ＩＴ関連企業でありさえすれば事業内容や業績見通しが怪しくとも、さらには赤字を垂れ流す企業ですら株価が暴騰した。ひどいものでは、ＩＴとまったく関係ない業容の会社が「ドットコム」「e-（イー△△）」「インターネット」など、いかにもＩＴ企業を連想させるキーワードを入れた社名に変更したところ株価が急騰した、という話もあった。しかし、ほどなくして化けの皮がはがれ株価が暴落すると、実質が伴っていなかったＩＴ企業群はまさに「バブルがはじけるがごとく」倒産した。

一九九七～九八年のアジア通貨危機では、「通貨バブル」と呼ぶべき状況が機関投資家筋に狙われ崩壊した。当時の東アジア諸国は、持続的な経済成長が見込めない状況にも関わらず自国通貨を米ドルにペッグし続けていた。折しも米

企業債務は中国が突出

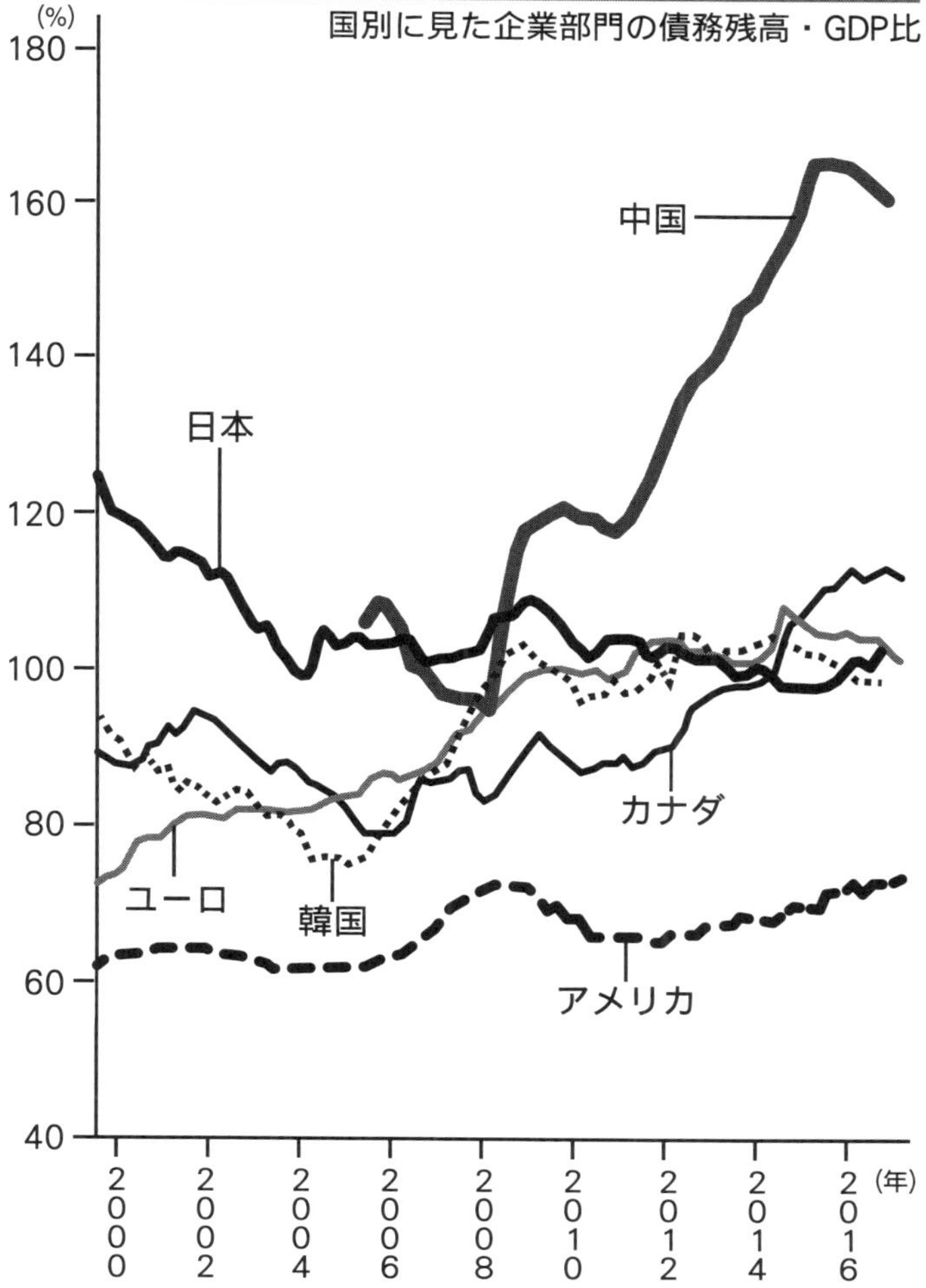

BISのデータを基に作成

国は「強いドル」政策に転換、ペッグしていたこれらの国々では通貨が経済力に不釣り合いなほど高騰、ここに目を付けた機関投資家勢が一斉に売り浴びせをかけたのだ。当時のマレーシア首相・マハティールは、英ポンド売りで巨富を築きそして再びマレーシアリンギットで大儲けしたジョージ・ソロスを、「愚かな悪党」と名指しで非難した。

さらに遡ろう。一九九〇年の日本のバブル崩壊は、端的に言えば不動産バブルというべきものだった。八九年末に日経平均が四万円に迫る過熱を見せ、その後阿鼻叫喚の暴落となったため、多くの人たちは株式バブルという印象が強いかもしれない。しかし、日本企業の株価が急騰した裏には不動産の高騰があったのだ。

それを象徴する「Qレシオ」(株価と時価純資産の比率)なる指標がある。当時のバブル株価を説明するため、「企業価値は保有する土地の評価額に比例する」というアイデアを東大の教授が形にして提唱したものだが、今考えればこんな「トンデモナイ理論」がよく公然とまかり通ったとすら感じる。しかし、当時はこれこそが本物の理論とまことしやかに語られたのだ。

そして、これが単なるバブルであることに多くの人々は気付かぬまま、海外の機関投資家勢によって日本の株は見事に売り崩され、経済は長期停滞時代に突入した。

こうして歴史を振り返ってみると、バブル景気とその崩壊はいずれも熱狂の中にいる時にはほとんどの人が気付かないものの、一部の「眼鼻の利く者たち」は市場の歪みを巧みに見極め、その機に乗じて大きな収益すら得たのである。

しかし、現在の世界経済に目を転じてみると「これが決定的に危険」というものを特定することは極めて難しい。もちろん、まだ危機が到来していないのだからやむを得ないわけだが、それにしても「これがきっかけになる」という決定的なバブルが醸成されているとは断定しがたいのだ。いや、これは逆に言えば、先述したような家計債務、企業債務、住宅バブルなどいずれもすべてがバブル的様相で、次の危機の発火点になり得るということかもしれない。あるいは、これら要因の複数が同時多発的に発火する可能性すらあるということだ。

その根源は、人類が堆《うずたか》く積み上げた債務の山、つまり「債務バブル」というものであり、これこそが次なる危機の究極の発火点と言えるかもしれない。

こうした感覚は、意外にも複数の金融・経済の専門家たちも指摘している。「次に起こるかもしれない危機は、特定の震源地を持たない、世界同時型になりやすいように思われる」——野村総研　エグゼクティブ・エコノミスト　木内登英氏は野村総合研究所の「ナレッジ&インサイト」において、不気味な現状をこう表現している。

また英フィナンシャル・タイムズの東京支局長　ロビン・ハーディング氏も「毎年流行するインフルエンザというより、新種の感染症が当然まん延する事態に近いだろう」（日本経済新聞二〇一九年九月六日付）と表現、結核やペストといったパンデミック（世界流行）のように、世界で同時多発的にコトが勃発する可能性を示唆している。

私たちが今いる危機的状況をあえて比喩的に表すとすれば、「爆発性のガスが充満した密室の中に閉じ込められている」といったところだろうか。どこかで小さい火の手がくすぶっているわけでも、部屋が暑くなってきているわけでもない、つまりバブル特有の過熱感はほとんど感じられないにも関わらず、すでに部屋の中の人は漠然とした危機を共有しているという、なんとも不思議な状況である。もしひとたびガスに引火すれば、零《れい》コンマ数秒で大爆発を引き起こし、全員即死は免れない。そのため、中の人たち（市場関係者や政府関係者）はこぞって危険な要因を探し出し、必死に食い止めているのが今の状況だ。

特に今、この火消しにもっとも躍起になっているのが、ＦＲＢや日銀をはじめとした中央銀行の金融政策関係者たちだろう。

莫大な借金はどこからやって来たのか？

かくも重大な「債務バブル」だが、ここで一つ大きな疑問に行き着くのではないだろうか――「果たしてなぜ、こんなすさまじい債務が積みあがったのか」。

この素朴な疑問とそれに対する明快な答えは、意外なことにあまり語られていない。それは現代の金融・経済の根幹にも関わってくるテーマであり、それゆえそれを語るのは金融関係者やその利権に浴する人たちにとって「不都合な事実」だからかもしれない。ただ、一部の経済学者や金融関係者、財政・金融政策の中枢にいた要人たちは明確に指摘し始めている。

そこに触れる前に、世界総債務に関係するであろういくつかの数字を確認してみよう。まず、これだけの債務＝借金があるということは、それだけのお金の出し手がいる、ということだ。マネーを発行できるのは各国の政府のみ（正確には中央銀行）だが、先の金融危機を封じ込めるため、各国政府は膨大なマネーを刷り続けた。とすれば、それが天文学的債務につながった可能性があるのではないか。

世界各国が発行したマネーの総量はどれだけあるのか。少し前のデータとなるが、世界銀行の統計によると二〇一六年の世界の通貨発行総量は、約八七・九兆ドル（約一京円）である。この額がどの程度のものか数字だけでは想像しづらいが、実は世界のＧＤＰより約一六％多い。つまり、実体経済に必要な量

2016年のマネーをめぐる状況

世界の総債務 164兆ドル ＞ 通貨発行量 87.9兆ドル ＞ 世界の名目GDP 76.1兆ドル

政府以外のどこかからかお金が湧き出ているのか!?

を大幅に超えるマネーが供給されているということだ。

となると、この余剰分はどこに流れているのか。それは実体経済ではないバブリーな経済、つまり株や債券、不動産や果てはデリバティブ（金融派生商品）などの市場に流れているとみられる。

ここでもう一つ疑問が浮かぶ。世界の総債務と世界の通貨発行量がかなり異なるという点だ。二〇一六年時点の世界総債務は、約一六四兆ドル（約一京八〇四〇兆円）だ。これだけの債務があるということは、それだけのお金が動いているということで、どう少なく見積もっても通貨発行総量との差分である約七五兆ドル（約八二〇〇兆円）以上がどこからかやって来た計算になる。

まとめると、この地球上では実体経済で財やサービスの生産と消費に使われる以上に通貨は発行されており、さらにそれをも上回る借金（裏を返せば誰かの資産）が存在するのである。その巨額のマネーは、一体どこから出てくるのだろうか？　その謎を紐解くのが、金融機関が行なっている「信用創造」というカラクリだ。

現代の錬金術「信用創造」

通貨の発行は国家の特権であり、独占されていることは周知の事実だ。通貨の管理を国が行なわず、誰でも勝手に発行できるのでは、その国の経済は成り立たない。

ところが、一つ例外が存在する。金融システムの中にある「信用創造」という仕組みだ。「信用創造」について詳細を説明するとかなり難解になるが、基本的な部分を解説しよう。もっともわかりやすいのは、銀行が行なう二つの業務だ。銀行は、預金者からの資金を預かる（預金）一方で、預かったお金をただ保管するのではなく、資金需要がある企業などに貸し付け（融資）をし、その利息で収益を上げる。この仕組みは産業革命期にまで遡るが、当時は蒸気機関や鉄道、紡績工場などを作るには莫大な資金が必要な時代であった。しかし、一方でそうした需要に応じられる資産家は非常に限られており、またもし投資が失敗すれば莫大な損失を一手に抱えることになるため、投資にはおよび腰となってしまう。そこで、銀行が非常に重要な役割を果たすことになったのだ。多くの人々から少額の資金を預かり、そのまとまった資金をこうした投資に振り向けることで、産業の発展に金融の仕組みで貢献したのである。

この「銀行ビジネス」は、実にうまくできている仕組みである一方、極めて重要な点がいくつかある。まず銀行は、多くの預金者から資金を集めるにあたって、預金者のニーズを満たす必要がある。具体的には「預金を必ず返す」（超低リスク）、「いつでもすぐ引き出せる」（高い流動性、満期が短い）、そして「利息が付く」（収益性）という約束を交わし、預金者から資金を預かるのだ。

一方、銀行は融資先のニーズも満たす必要がある。融資を受けたい事業者は、預金者のニーズとはまったく異なるニーズを持っている。具体的に言えば、ある程度の長期間（鉄道のような事業なら一〇年単位もあり得る）、高過ぎない利息（事業で得られる利益の範囲で賄える）で、まとまった資金での融資を希望する。そこで銀行は、融資を希望する事業者の経営状況や事業内容を独自の方法で審査し、その結果長期でまとまった資金を預けるに足る、信用度の高い事業者であるかを見極め、融資を決定する。

普通に考えれば、預金者が持つ「満期は短く」「流動性は高く」「リスクは低く」投資したいというニーズと、事業者の「満期は長く」「流動性は低く」「リスクは高め」で融資を受けたいというニーズを埋め合わせることはできない。

しかし銀行は、リスクを負ってそのギャップを埋め合わせ、ニーズをすり合わせることで存在意義を発揮する方法を編み出した。そのキモとなるのが「信用」である。預金者にとって、銀行が確実に預金の約束を守ってくれる十分に「信用」できる存在であれば、仮に銀行の金庫に預金者全員分の現金がなくとも「銀行は確実に保管し、必ず返してくれる」と安心して銀行に預金するようになる。個人が資産を手許現金で管理するのは、盗難や消失のリスクが伴う上、ただ持っていても殖えない。それに対し、信用できる銀行に預ければ安全に保管してくれ、いつでも引き出せる上、さらには利息が付いて元金が増える。みんな、こぞって預金をするようになるわけだ。

銀行が預金者に十分に「信用」されていれば、いよいよ「信用創造」が可能となる。預金はいつでも引き出し可能だが、預金者は常に現金が必要なわけではない。何かあった時だけ引き出すが、信用できる状態なら大半は預けっぱなしとなる。ここで、たとえばA銀行が一〇〇人から一万円ずつ（総預金額一〇〇万円）預かっているとする。A銀行での日常的な引き出し要求が総預金額の一割、一〇万円程度ということがわかったとすると、銀行は手元に一〇万円だけ現金を置いておけばよいことになる。そして残り九〇万円は、融資に回して利息収入を得ることができるわけだ。つまり銀行は自己資本ではなく、預金者（他人）のお金を使って実質的に運用できる資金を生み出せるわけだ。このような仕組みを、「部分準備銀行制度」と呼ぶ。

この理屈で、たとえば一〇〇万円の預金があるA銀行が九〇万円をa企業に融資し、a企業がb企業への支払いに使うとする。b企業はそれをB銀行に預金するが、B銀行もA銀行と同様に一割を手元に残して八一万円をc企業に融資する。こうして融資を循環して行くと、理論上はA銀行が預かった一〇〇万

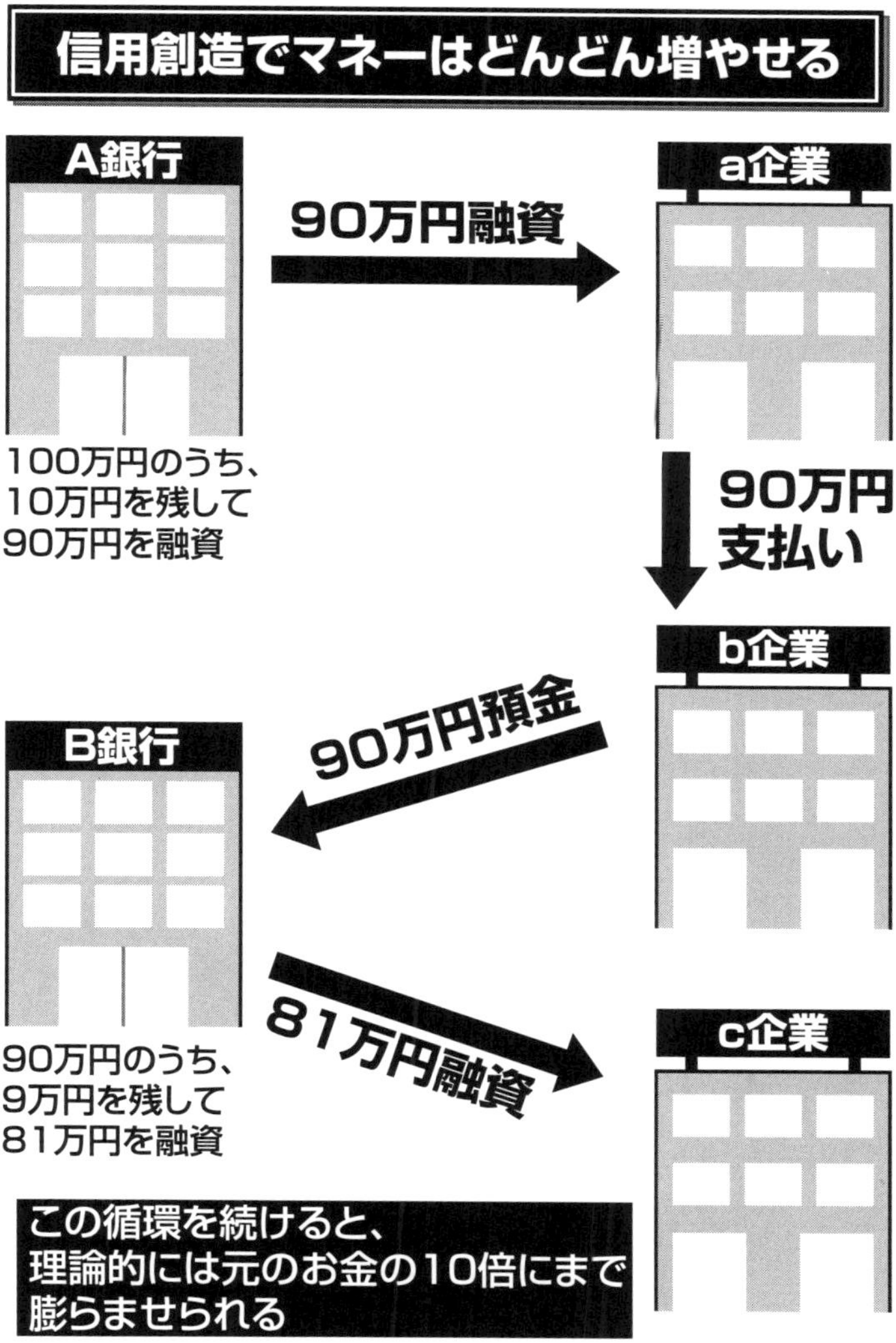
信用創造でマネーはどんどん増やせる
A銀行
90万円融資
a企業
100万円のうち、
10万円を残して
90万円を融資
90万円
支払い
b企業
90万円預金
B銀行
81万円融資
c企業
90万円のうち、
9万円を残して
81万円を融資
この循環を続けると、
理論的には元のお金の10倍にまで
膨らませられる

円によって、融資に関連するすべての銀行を通算して一〇〇〇万円の預金を作り出すことができる。これが「信用創造」というカラクリである。

なんだか数字のトリックのような、だまされているような気分になるかもしれないが、実際にこのようにして銀行内部でマネーは創造されているのだ（このようにして創出されるマネーを「内部貨幣」と呼び、これに対して政府が発行するマネーを「外部貨幣」と呼んで区別する）。

さらに注目すべきは、こうして作られた預金は単なる銀行内の数字だけでなく、実体経済ともリンクしているという点だ。前述のa、b、cの各企業間では実際にモノとお金（ただし銀行が信用創造した内部貨幣）を交換して取引が成立している。つまり、この状態では一〇〇万円しか現金（外部貨幣）がなくとも銀行が信用創造することで、一〇〇〇万円のお金があるものとして経済が回って行くのである。産業革命期以降の文明の加速度的な発展において、この信用創造という仕組みは極めて重要な役割を果たしてきた。銀行はリスクを負えない人々の小さな資金をかき集め、それを大きなカタマリとして長期投資に振り向けることができたからだ。

このように、銀行が間に入って投資家と資金需要者をつなぐ仕組みを「間接金融」という。それに対し、企業が株式や社債の発行で投資家から直接資金調達する仕組みを「直接金融」というが、一九世紀から二〇世紀の前半にかけては、間接金融による大規模な資本の集約と資金需要との橋渡しなくして産業の発展はなかったと言ってもよいだろう。

金融の進展と複雑化

この「信用創造」という仕組みは当初は良く機能したわけだが、時代が下ると様々な弊害も生じるようになる。私たち人類は、先の金融危機でその恐ろしさを身に染みて知ったにも関わらず、再び金融が経済の歪みを生じさせている。これは、金融業の発展と複雑化が深く関わっている。

そこで、どのような経緯で金融システムがこうした状況になったのかを見て行きたい。少々難しい部分もあるが、金融システムの将来を知る上で重要なため、かいつまんで見て行こう。

■「信用創造」から「信用収縮」へ

産業革命が進展して経済が急成長し、やがて高成長期を過ぎると、国家や企業、個人には富が蓄積されるようになる。その一方で産業の成長、生産・消費活動は停滞して行く。先進国はいずれも経済成長の階段を駆け上がり、やがて成熟期を迎えるが、このようなステージに到達すると、旺盛な資金需要も相対的に減退して行くことになる。

資本主義経済では、企業は常に収益を追い続けることが義務付けられている。銀行も例外ではなく、経済成長の恩恵によって大企業となれば、その後は必然的に膨大に抱える支店や人員を維持する必要も出てくる。そこで、あの手この手で収益手段をとることになって行くのだ。

そうした中で銀行と金融システムが最初に迎えた危機（そしてこれこそが現

在の金融システムの根源的問題といえる）は、銀行全体の信用が揺らぐようになるという問題だった。もっとも顕著な例は、一九二九年に始まった世界恐慌によって一万行におよぶ銀行が倒産した米国だろう。

この時、国民は路頭に迷い、銀行の信用は地に落ちた。銀行というものは、それぞれが単一の企業でありながら業界が「信用創造」の鎖でつながっている。どこか一つの銀行の信用が失墜し、預金者が「取り付け」に殺到した時、それがその一行の問題だけですめばコトは単純だが、そうは行かないのだ。特に、世界恐慌のような有事下ではまったく歯止めが利かなくなる。

たとえば一つの銀行が破綻したとしよう。するとそこに融資していた別の銀行も、融資を回収できなくなる危険が出てくる。となると、その銀行の預金もただではすまなくなるという不安に駆られ、預金者は取り付けに向かう。銀行は預金者の信用を守らなければ潰れてしまうため、よそから現金を調達してこようとするだろう。

現金調達の例として、融資先のいくつかの債権をよそに売り払う必要が出てくるが、得てしてそうした時には融資時よりも相当割り引かなければ買い手が付かない。必要額を調達するために、大きな損失を計上しなければならなくなるのだ。しかも、さらに取り付けが加速すれば資金調達が追い付かなくなり、預金者に「もうお金がないので出せません」という日がやって来る。銀行の信用は、この時終わりを迎える。銀行業全体の信用が喪失し、どの銀行の預金者も取り付けに殺到する。一方の銀行は、引き出しに応じれば銀行が潰れるため、マネーのやり取りを一気に絞る。実体経済の取引のためにお金を出そうとしても、それに応じれば銀行が潰れるわけで、実際の経済活動もがマネーに連動して急速に停滞する。こうして金融システムが機能不全に陥り、大恐慌に至るのである。

「信用収縮」と言われるこの現象は、経済にとって致命的な影響をおよぼす。人々の生活は混乱を極め、失業・倒産からひいては治安悪化・デモといった国家レベルの有事にもなりかねない。そのため、国家は金融システムを司る銀行に極めて厳しい規制を敷き、代わりに手厚い保証も行なうようになったのだ。

それが「自己資本規制」と「預金保険」「最後の貸し手」だ。

■「自己資本規制」と「預金保険」「最後の貸し手」

「自己資本規制」とは、銀行が融資（信用創造）をする場合は預金者などの他人の資本だけでなく、一定割合自己資本を入れなければならないという規制だ。銀行も営利企業である以上、よりリスクを取って収益を上げようとする。さらに銀行の場合、預金を元に信用創造できるため、他人の資本を使って非常に大きな取引ができるのだ。つまり、銀行のオーナーは悪く言えば「自分のタネ銭は少なくても、他人のカネで大博打が打てる」状態である。他人のカネならリスクを取ってより実入りの多い融資をするようになる。

こうした「モラルハザード」を抑止するため「自己資本」、つまり自分の身銭を一定以上に保つことを課せられているのだ。

こうした規制厳格化の一方で、大恐慌のような有事に備えて用意されているのが「預金保険」と「最後の貸し手」だ。米国では一九三〇年代の銀行大倒産時代に連邦預金保険公社（ＦＤＩＣ）が誕生し、次々と銀行が加入して行った。日本でも昭和四六年に「預金保険機構」が設立、すべての銀行が加入を義務付けられている。銀行は、預金に対する一定割合（預金保険料率）を保険料として支払い、銀行の経営が危機に陥り倒産した際には、預金払い出しに不足する分を機構から受け取る。公的機関が仕組みの後ろ盾になることで、銀行預金の信用を支えることが目的だ。

また「最後の貸し手」とは、「中央銀行」のことである。米国においてはＦＲＢがそれにあたるが、一九〇七年に起きた銀行恐慌の反省から一九一三年に設立された。日本においては日銀がその役割を担っている。その名の通り「金融機関の業務遂行に著しい支障があり、資金決済の円滑を確保するため必要と認められる場合には無担保で貸付」するというもので、究極の有事では政府が資金の流動性を確保するという非常に強力な仕組みである。

しかし残念なことに、政府による貸付と預金保険による信用保証の仕組みはあまりに強力過ぎるゆえ、結果的に金融の暴走を許すことになってしまった。

金融機関がリスクを冒し、やがて破綻の危機に瀕《ひん》すれば、社会的影響を考慮して政府が救済するのが常態化してしまったのだ。人々は「金融機関が危険になっても政府がなんとかする」という安心感を刷り込まれてしまった。

そして金融は、あらたな暴走のステージに向かう。その契機となったのは、二〇世紀後半の「コンピュータと情報ネットワークの普及」である。

■コンピュータと情報ネットワークの普及

非常に高度な計算や事務・経理管理がコンピュータによって処理されるようになり、またさらに複数の会社をまたいだ手続きも情報ネットワーク網の高度化と高速化によってやすやすとできるようになったことで、金融の世界では「信用創造」の高度化、複雑化が極めて容易に行なえるようになったのである。

特に、先の金融危機の元凶と言われた「ＣＤＯ」（債務担保証券）などはその典型である。ＣＤＯの仕組みも非常に複雑なのだが、ここでは「こんな複雑なものがＩＴの進展で容易に作れるようになった」と知っていただく意味でも、ざっと中身を紹介して行く。

まずＣＤＯを作る出発点は、金融機関が企業や個人から買った債券やローンが元になる。このローンや債券を束ねて、「証券化」というテクニックで架空の金融商品を作るのだ。たとえば、個人の自動車ローンを大量に束ねた「自動車ローン担保証券」とか住宅ローンを束ねた「住宅ローン担保証券」、あるいはどこかの県域の企業債券を束ねた「○○県域社債担保証券」というイメージである。この「証券」は、それぞれのローンや債券の利息平均に連動して利益を得られる証券となる。こうした証券は、「ＡＢＳ」（資産担保証券）と呼ばれる。

さらに、このＡＢＳは発行証券すべてを均一な条件にせず、何種類かリスクと利回りの異なるものに分けるというテクニックも使う。これを専門用語で「トランチング」といい、おおよそ三段階に分けるのが一般的だ。もっとも低リスク・低リターンのものを「シニア」、中リスク・中リターンのものを「メザニン」、そしてもっとも高リスク・高リターンのものを「エクイティ」と呼び、それぞれの区分を「トランシェ」という。

具体例で見よう。ある金融機関が一〇〇〇人の住宅ローン債券を束ねて「住宅ローン担保証券」というＡＢＳを一〇〇口分作るとする。ローン契約はそれぞれの経済状況や与信で異なり、満期、利回りなど異なるが、平均一〇％の利回りが取れる計算としよう。次に「トランチング」を行なうが、「シニア」を五〇口、「メザニン」を三〇口、「エクイティ」を二〇口作ることにする。もし一〇〇〇人のうち何人か貸し倒れれば証券の保有者も損失を被るが、その損失を被らないように「トランシェ」に優先順位を振るのだ。

たとえば、「シニア」は全額返金保証する代わりに利回りは平均以下の五％、「メザニン」は貸し倒れが三割までは全額保証、それ以上は元本割れリスクありとし代わりに利回り一〇％を付与、そして「エクイティ」は貸し倒れによる元本割れリスクが常にある代わり利回りは二二％とする、といった具合だ。

この「トランチング」は、実は銀行など厳しいリスク規制がかかるような大手機関が規制をかいくぐる非常に有効な仕組みになっている。先ほど、銀行は厳しい自己資本規制がかかっているという話をしたが、度重なる金融危機によってたびたびその規制は強化されてきた。おそらく新聞やテレビなどで「バーゼル規制」や「バーゼルⅢ」といった言葉を見聞きしたことがある方もいるだろうが、これは金融機関の国際的な規制である。

その中核は「金融機関は、保有証券がハイリスクであるほど自己資本を積む」という、いわゆる自己資本規制である。こうした規制下では、たとえば平均一〇%利回りの住宅ローンはとてもハイリスクで保有できなくなる。しかし、元の住宅ローンは無理でもこの「住宅ローン担保ＡＢＳ」の「シニアトランシェ」なら、保有が可能となる。なにしろ元本保証が高割合でなされているため、低リスクと評価されるからだ。収益機会が減少する銀行にとっては、一〇%のハイリスク住宅ローンがダメでもせめて利回り五%の「ＡＢＳ」でいいから持ちたいというのが心情だろう。かくして、「ＡＢＳ」は金融機関でよく売れた。

そしてさらに、このＡＢＳという証券を担保にして複数束ねた証券も出現する。それが「ＣＤＯ」（債務担保証券）だ。「ＡＢＳ」のうち、高リスクの「エクイティ」は他の金融機関に売ることが難しい高リスク商品であるため、「ＡＢ

「証券化」と「トランチング」

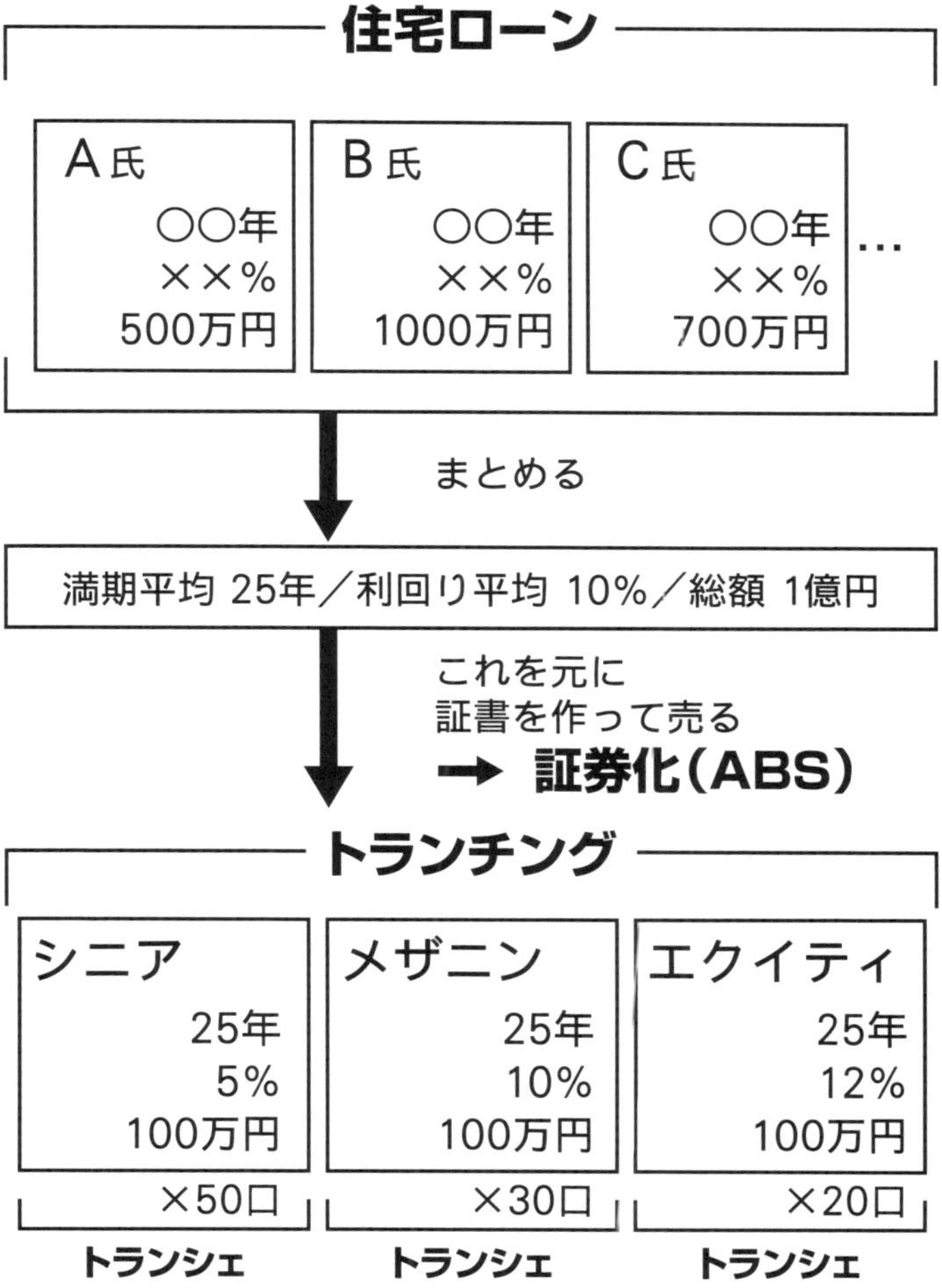
住宅ローン
A氏
○○年
××%
500万円
B氏
○○年
××%
1000万円
C氏
○○年
××%
700万円
…
まとめる
満期平均 25年／利回り平均 10%／総額 1億円
これを元に
証書を作って売る
➡ 証券化(ABS)
トランチング
シニア
25年
5%
100万円
×50口
メザニン
25年
10%
100万円
×30口
エクイティ
25年
12%
100万円
×20口
トランシェ
トランシェ
トランシェ

ABS：MBSとCDOのしくみ①
（資産担保証券）（住宅ローン担保証券）（債務担保証券）

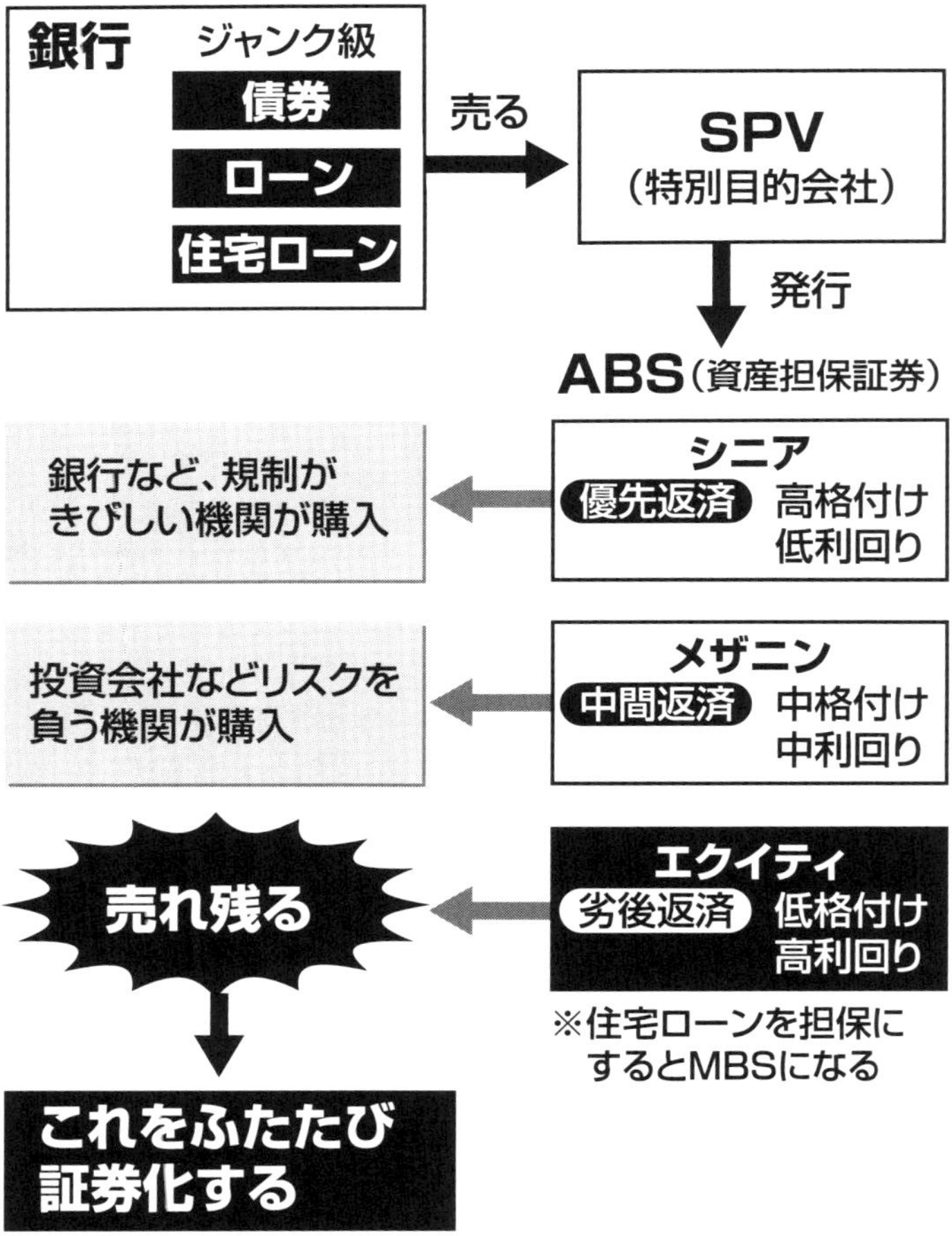

※95ページのエクイティその①～の1つになる

ABS：MBSとCDOのしくみ②
（資産担保証券）（住宅ローン担保証券）（債務担保証券）

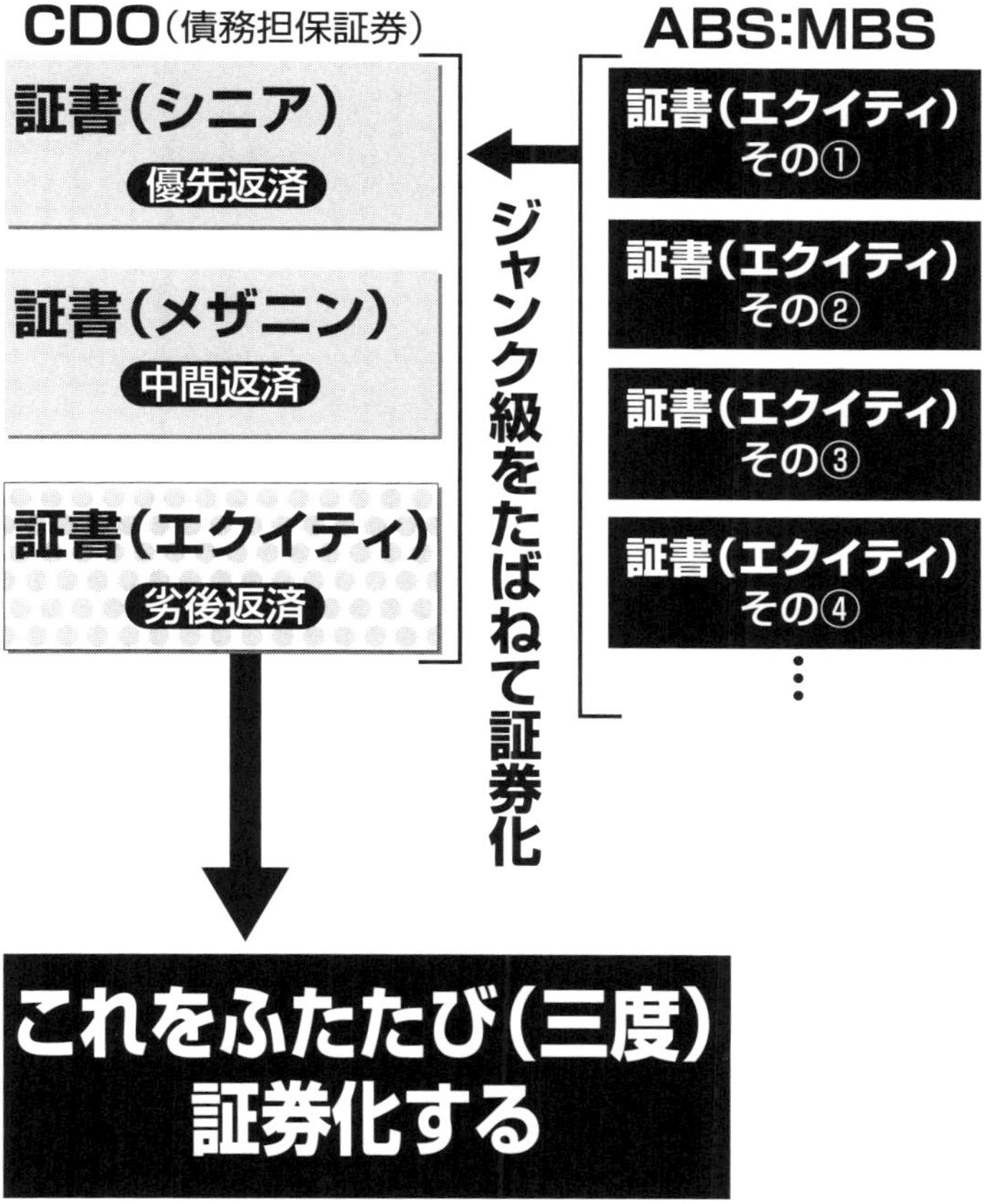

S」発行機関の手元にそのまま残ることになる。そこで、この「エクイティ」を複数集めて再度束ねるのだ。「CDO」も同じく「証券化」「トランチング」を行ない、リスクが異なる「トランシェ」を用意する。すると「シニアトランシェ」のCDOはまたまた低リスクと評価され、金融機関が保有できるようになる。

ある意味、低質な原料をかき集めて束ね、できた合成物の上澄みを「高品質」と謳って売るようなものである。素人目には、直感的に「金融危機が来たら、たとえ『シニア』でも飛ぶ（元本割れ）のではないか？」と考えたくなるが、実は金融の世界ではこれが高品質でまかり通るようなのだ（結果を知れば、素人の直感の方が正しいことがわかるのだが……）。

■格付け機関は銀行の回わし者なのか!?

こうした金融商品が売れるかどうかのキモは、「リスク評価」である。買い手である金融機関は高いリスク規制を受けており、とにかく高格付けであることにこだわる。逆に言えば、高格付けでありさえすれば極端な話、中身はなんでもよい。そしてその格付けを行なうのは、民間の格付け機関である。そう、実は規制当局である政府機関ではないのだ。「スタンダード＆プアーズ」（Ｓ＆Ｐ）や「ムーディーズ」、「フィッチ」などが有名だが、日本にも「日本格付研究所」（ＪＣＲ）や「格付投資情報センター」（Ｒ＆Ｉ）といった機関がある。

これらの機関では、金融工学などを使ったリスク分析手法に加え、それぞれ独自の手法を用いているが、共通しているのは「金融機関から格付け依頼を受けて格付けしている」ということだ。

ここで、「おや、なんかおかしくないか？」と感じたのなら、あなたのその直感は正しい。そう、格付け機関は証券を売る金融機関からお金をもらって評価を出しているのだ。もちろん、格付け機関は長期視点に立てば金融商品に正しい評価を下すことがもっとも合理的な判断だ。依頼者に「良い格付けをお願いします」とお金を渡されても、突っぱねて中立的に格付け判断した方が格付けの信頼を維持でき、長くビジネスができるからだ。

たとえば、社債や国債といった「伝統的資産」の評価なら、ノウハウの蓄積も豊富で信憑性の高い格付けができた。しかし、「ABS」や「CDO」は複雑怪奇で得体のしれない商品である。中身もよくわからず、平時はめったに焦げ付かず、さらにリスク評価手法も確立されていない。結局、格付け機関は作った金融機関の言い分を信用するしかなくなる。

そして実際、サブプライム問題の元凶となった「MBS」（住宅ローン担保証券）と、それを元にした「CDO」に対して、その危険性をまったく評価できていない状態で高い格付けを付けてしまっていた。

ただ、厳しく言えば格付け機関のこの状態もいわゆる「モラルハザード」の状態と言える。得体のしれない新型商品は、作った金融機関にも大きな利益をもたらすものであり、おのずとその格付けに関われば格付け機関としても「いい商売」になる。折しも住宅ローン市場は絶好調で、金融の専門家たちが金融工学の万能性を喧伝した時代である。そうした論調に便乗して、複雑怪奇だが「破綻しない」と理論的に信じられているものに安易な格付けを行なった罪は軽くないだろう。金融機関と同様に、格付け機関の在り方にもメスが入れられるべきなのかもしれない。

ちなみに、格付け機関はもともと金融機関を相手にビジネスをしていたのではない。かつては投資家からお金をもらって格付けしていた時代もあったのだ。投資家の代わりに金融商品を調査し、評価するのがビジネスだったのだ。しかし、そのビジネスモデルもデジタル化の波で変容してしまったという。その原因はなんと「コピー機の出現」だそうだ。格付けにはとにかく時間とノウハウが必要で、おのずと対価は高額になる。しかし、格付け会社内では当然のごとく評価手法は厳格なマニュアルになっている。人によって評価結果が変わっては格付けの品質を保てないからだ。

つまり、いわゆる「秘伝のタレ」のレシピがあったわけだが、コピー機が普及するようになると格付け会社からの評価結果とその評価根拠にあたるマニュアルを入手した投資家が、そのコピーを投資家たちにバラ撒いたという。こうして誰でも似たような評価ができるようになってしまった結果、格付け会社は投資家から対価を得るビジネスモデルは難しくなると判断、金融機関を顧客にするようになったという。

■複雑怪奇な仕掛けを構築

さて、「CDO」に話を戻そう。このCDO、実はまだこれで終わらない。CDOのエクイティ（劣後返済）部分を束ねて「CDO2」（CDO二乗）、CDO2のエクイティ（劣後返済）を束ねて「CDO3」（CDO三乗）という、もはやなんだかわけがわからないものまで登場したのだ。

そして究極ともいうべきものが、CDOに「CDOが破綻したら保険金が出る」という保険に似た商品（CDS：クレジットデフォルトスワップ）を抱き合わせた「シンセティックCDO」（合成債務担保保証券）なるものだ。

ここまで複雑になると、もうリスク評価もなにもあったものではない。組み込まれている債券の数が膨大な上、それぞれの債券のデフォルト確率が互いに依存している可能性も出てくるからだ。もはや、普通の計算ではリスクの推定

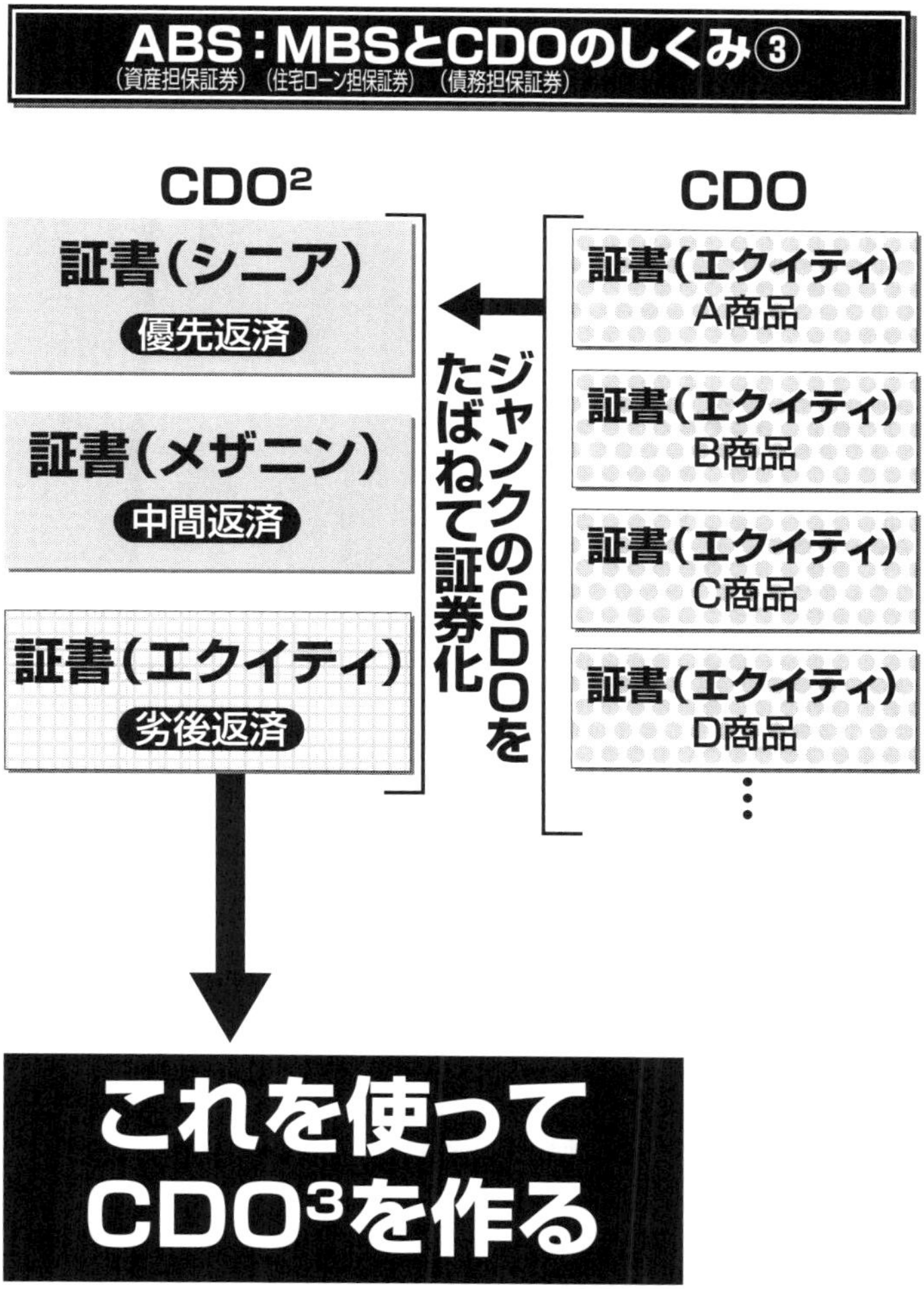
ABS：MBSとCDOのしくみ③
（資産担保証券）（住宅ローン担保証券）（債務担保証券）
CDO²
証書（シニア）
優先返済
証書（メザニン）
中間返済
証書（エクイティ）
劣後返済
ジャンクのCDOをたばねて証券化
CDO
証書（エクイティ）A商品
証書（エクイティ）B商品
証書（エクイティ）C商品
証書（エクイティ）D商品
これを使ってCDO³を作る

などとてもできないだろう。

さらに、先の金融危機ではこうした仕組みが銀行ではなく「シャドーバンク」によって構築されていた。ＡＢＳやＭＢＳで証券化する段階から、銀行がＳＰＶ（特別目的会社）を別に作り、そこに債券を売りつけて合成証券を作って行ったのだ。こうした「シャドーバンク」は、表向きは銀行ではないため金融規制がかからない。この構図は、バブル崩壊後に日本企業がやっていた「飛ばし」によく似ている。要するに、事実上の「債券ロンダリング」のようなことがなされていたのだ。

このような複雑怪奇な仕掛けを管理するとなると、とても人間の手には負えない。こうした取引をすべて複式簿記に落とし込み、いくつもの会社（と言っても半ばペーパーカンパニーだが）をまたいでさらに証券を合成して行くことが必須だからだ。単一企業のバランスシート管理ではなく、多重化、多層化されたバランスシート管理は、コンピュータ全盛の今でこそ簡単だが、紙による帳簿管理が主流の時代ではとても現実的な商品取引に適用できない。

一九七〇年代以降の著しいＩＴの進展があったからこそ、いくらでも複雑な商品を作り出せるようになったが、逆に言えばその利便性こそが「リスクが隠ぺいされたモンスター商品」のような金融商品を生み出す元凶でもあったのだ。

かくして、危険極まりない「毒まんじゅう」は世界中の金融システムにバラ撒かれ、そして住宅債務の焦げ付きから金融危機は起きた。結局、政府は金融システム維持のためＳＰＶ経由で作られた莫大な債務も保証、さらには潰れそうな金融機関を大手への合併という形で救済すべく誘導してしまった。このため大きな金融機関ほど社会的影響から潰せなくなり、政府保証も手厚くなった。弱い金融機関が破綻しそうになると大手が合併、吸収して行く。

大きな銀行ほどさらに大きくなり、しかもなにかあれば国が救済するというおかしなカラクリができ上がってしまったのだ。今や、巨大金融機関は平時ならリスクを取ってどんどん貸し出しを行ない、有事に危なくなれば政府が尻拭いしてくれるという状況にある。完全に、モラルハザードである。

リーマン・ショックから一〇年以上が経ち、「ＣＤＯ」という悪魔の金融商品は「ＣＬＯ」（ローン担保証券）という異形に姿を変えて再び私たちの前に現れた。そして、金融機関は性懲りもなくそれをせっせと取引し、次なる危機の芽を大きく育てている。そろそろ人類は、金融システムが持つ根源的な限界に思いを致さなければならないのではないか。

憂慮すべき金融機関の窮状

世界の金融・経済はカネ余りと低金利によって、かつてのバブルとはまったく次元も肌感覚も異なる「債券バブル」が至るところに現出している。これが次の危機の火種になるだろうことはほぼ間違いがないことだが、では、果たして日本にはどんな災厄が到来するのだろうか。

ここまで触れてきた通り、私は次なる危機は金融機関に到来すると読んでいる。日本の金融機関の憂慮すべき状況は、拙著『都銀、ゆうちょ、農林中金まで危ない⁉』（第二海援隊刊）にて詳しく解説しているのでぜひ参照していただきたいが、日本の金融機関はそもそも構造的に厳しい経営環境にさらされる宿命にある。

まず、日本の金融機関、特に銀行はオーバーバンキング状態と見られるということだ。これは端的に言えば銀行の供給過剰という話だが、単にＩＴの進展でキャッシュレスや自動化が進んだにも関わらず銀行数が多い、あるいは支店数や行員が多過ぎるというサービスの供給過剰という問題だけではない。

日本は戦後四〇年の高度成長期を過ぎ、家計には一八五九兆円（二〇一八年一二月速報値）の金融資産が積みあがっており、うち半分は現預金である。企業にも四五〇兆円に迫る内部留保が積み上がり（二〇一七年度末）、わが国には莫大な富が蓄積されているのだ。これらは、保有主体が能動的に投資に振り向けたりすることなく、主に銀行に預けられている。

つまり、銀行は莫大な富を預金として預かり、信用創造してさらなる富を生み出すことを課せられているのだ。しかし、超低金利と昨今の債務バブルによって、高利回りで安全な貸出先はどんどん絞られている。大体、大手企業はすでに分厚い内部留保を持ち、輸出企業は海外に生産拠点を移している。

上場企業は株式市場から増資などの形で資金調達することが可能だ。さらに、ソフトバンクやトヨタ自動車などの超大手ともなれば、株や社債を発行するなど多彩な資金調達方法で莫大な資本を集積できる。つまり、邦銀にお金を借りる必要などないのだ。

一方、「家計部門」を見ると、少子高齢化によって個人の需要も先細りが必至である。一時期は、金利低下に伴って住宅ローンの借り換え需要が発生し、銀行がローン獲得合戦ともいうべき競争を繰り広げた時期があった。また、不動産投資ブームや資産継承目的で不動産融資が銀行の収益源として注目されてきたが、シェアハウス「かぼちゃの馬車」の破綻、スルガ銀行の不正融資問題、レオパレスの施工不良問題などが二〇一八年以降立て続けに明るみに出ると、これらも縮小を余儀なくされている。

「政府部門」にしても、国債はほとんど金利がつかない状態にまでなっており、ほとんど旨味が出ない上、日銀がすさまじい勢いで買い上げていることもあって、もはや銀行の収益源たり得ない。

では、日本にはほとんど資金需要がないのかといえば、実はそんなことはない。新ビジネスやプロジェクトの立ち上げには、ある程度まとまった資金需要が発生する。つまりベンチャーや中小といった領域になるが、しかしこれらは銀行の厳しい融資基準を満たせないのだ。リスクを取って果敢に融資する度胸も、リスクを評価するノウハウも銀行にはない。

ちなみに、最近ではこうした中小・地方・ベンチャー・小規模融資といった領域には、「フィンテック」（ＩＴと金融の融合）が台頭している。ご存じの方も多いかもしれないが、「クラウドファンディング」や「ソーシャルレンディング」と言われる手法で、借りたい企業・事業主と資産を持つ個人（場合によっては法人も）がインターネット上で直接融資を行なっている。つまり、せっかくのビジネス領域にも関わらず、銀行は自縄自縛の規制と古い体質によって新興フィンテック勢に完全に後れを取っている格好だ。

そして、日本の金融機関が今まさに窮余の策と縋《すが》っているのが海外投資というわけだ。その額、なんと約四五〇兆円（二〇一八年末現在）。ＧＤＰの約八割にも相当する投資を海外に行なっているのだ。そしてその内訳を見てみると、今問題となっている「ＣＬＯ」もかなりの額が含まれているのである。これは、明らかに筋が悪い。

ＣＬＯは、先の金融危機の元凶となった「ＣＤＯ」と作りがよく似ている。ＣＤＯは「ＡＢＳ」（資産担保証券）や「ＭＢＳ」（モーゲージ債）を元に作られているが、ＣＬＯは企業への貸出債権を元にしている。いずれも元になる債権、つまり貸付金はそれ単体で見れば高格付けの優良企業へのものなどではない。格付けとしてはいわゆる「ハイイールド債」（投機的格付債）よりさらに格付けが低い、超高リスク債だ。中には借金で延命している「ゾンビ企業」向けの債権まで含まれているという。ＣＬＯは、それらをかき集めて「証券化」し「トランチング」して売っている。ＣＤＯが「毒まんじゅう」なら、ＣＬＯはさしずめ「ゾンビまんじゅう」といったところか。

ただ、ＣＬＯはＣＤＯほど危険なものではない、という主張もあり、その論拠もいくつか挙げられている。まず、ＣＤＯの場合、低所得者向け住宅ローンという非常に限られた市場を対象にしたのに対し、ＣＬＯは多様な業種の企業が入っているため、リスク分散効果が高いという。

確かに、一般的な社債投資であれば業種の分散は意味があるだろう。しかし、相手は「投資不適格級」の企業群である。深刻な景気後退に見舞われた時、体力がなく対応余力の低い企業が一定数潰れるのは業種を問わず必定である。その「弱い企業群」（しかも一部ゾンビあり）に特化して融資するＣＬＯが安全などとは、とても言えたものではない。

また、ＣＬＯはＣＤＯに比べて構造が単純で理解しやすいという主張もある。ＣＤＯにはＣＤＯ２（ＣＤＯ二乗）やＣＤＯ２を束ねて作るＣＤＯ３（ＣＤＯ三乗）、さらには「シンセティックＣＤＯ」なる、もはやなにかの悪い冗談かというような商品も売られていたが、ＣＬＯはそうした階層化などがない分リスク評価がしやすいという説だ。

しかし、そんなことはない。すでにＣＬＯ２やシンセティックＣＬＯも作られている。それに、ＣＬＯ自体安全性が上がっているという議論はナンセンスだ。二〇〇〇年代のＣＤＯに比べていくらＣＬＯの作りを洗練させても、もともとの出発点が危ない企業向けの債権である。極めて高リスクなものからいくらうまく作っても、危ないものには変わりがない。

さらに、ＣＬＯはＣＤＯに比べ市場規模が小さいため、前回のような危機の引き金にはならないという話もある。これなど、もっとも馬鹿げた小理屈であろう。超低金利下にあえぐ金融機関にとって、高金利のＣＬＯは馬の鼻先にぶら下がる人参だ。市場はやがて大きくなる。

実際、ＢＩＳが二〇一九年九月二二日に公表した四半期報告では、ＣＬＯの市場規模が約七五〇〇億ドル（約八三兆円）と推定されるとしている。これは、リーマン・ショック前年にあたる二〇〇七年のＣＤＯ市場の六四〇〇億ドルを超える規模で、すでにＣＬＯは危険水準にまで過熱しているのだ。

しかしながら、日本の銀行はもはやなすすべもなく海外投資にまい進している。その筆頭となる農林中金は、二〇一八年末時点でも六兆八二一九億円にものぼる「ゾンビまんじゅう」（ＣＬＯ）を保有していたが、二〇一九年六月末ではついに八兆円まで買い進めている。三菱ＵＦＪグループも二兆五〇〇〇億円、三井住友信託銀行が三〇四八億円、みずほ銀行が五五〇〇億円保有している状況も変わっていない。なにしろ、国内にはほとんど投資先がないのである。中身が「ゾンビ」だろうがなんだろうが、食わねば死ぬのだからしょうがない。

地銀、信金を取り巻く状況はさらに厳しい。このまま行けば、九〇年代末の金融機関倒産ラッシュが再び巻き起こるのはほぼ間違いないだろう。

あなたの預金はどうなるのか？

前述した通り、「銀行」というものは、そもそも預金者からの預金をかき集め、それを原資にして融資をする。相応のリスクを取って投資をしているわけで、そのリスクは最終的には銀行の株主と預金者が負うのが本来の姿である。近年では、ほとんど預金が危機に陥る事態にはならず、仮に銀行が破綻しそうになっても預金保険や政府保証によって預金部分は保護されてきたため、私たち現代人はもはやその危機意識は完全に摩滅させられている。

しかし、銀行の仕組み上から考えれば、「銀行が潰れれば預金がなくなる」という前提こそが道理であり、潰れても戻ってくると考えるのは甘い。

とはいっても、仮に保護の仕組みとしての「預金保険」が十分であればまだ使う意味はあるかもしれない。では、果たしてどの程度機能しそうなものなのか、ざっと見て行こう。まず、日本の預金保護制度では、一行あたり一人一〇〇〇万円が保護上限（譲渡性預金は無制限）とされる。銀行が破綻した場合、弁済順位に従って預金も払い戻されるが、預金に対してペイオフ分が支払えない場合、預金保険機構がその分を充当することになる。

これに対して、預金保険機構の平成三〇年度の財務諸表を参照すると、預金保護のための資金（一般勘定）がおおよそ四兆円弱、株式などの引受けを行なう資金（危機対応勘定）は四〇〇〇億円程度となっている。また、「政府保証」として危機対応の必要性がある際には預金保護などのために一九兆円、株式引受けなどのために三五兆円を準備することができるとされている。

では、この準備資金でどれだけの預金資産を保護するのだろうか。日銀が毎年行なっている預金者別預金の統計データを参照すると、二〇一八年三月末現在で日本の銀行と信金を合わせた口座数は約九億口座あり、預入総額は九一〇兆円余りである。このうち、非常に大雑把にペイオフ対象の預金総額を推定すると三二〇兆円程度となる。非常に大まかに言えば、総対象額の一・二五％程度が準備されているに過ぎないのだ。

また、各銀行の「流動性準備」（引き出し要求に備えた現金準備）は、預金総額のおおよそ一～二％程度である。銀行にとっては、現金を金庫に入れておいてもコストになるだけなので、「流動性準備」を積み増している銀行はほとんどない。したがって、もし取り付け騒ぎが発生したら、その時に預金を引き出すことはまず絶望的と心得た方がよい。

さて、ここで不吉な想定を行なう。仮にメガバンクやゆうちょ、農林中金のどこか一行で破綻した場合、預金は保険で賄えるのか。三菱ＵＦＪグループの総資産は約三〇〇兆円、ゆうちょ銀行が約二一〇兆円、みずほが二〇五兆円、三井住友が一九九兆円といずれも破格の資産規模を誇る。農林中金はこれらから見劣りするものの、約一〇五兆円程度とこれまた非常に大きい。もしこれらの一つでも破綻した場合、そのインパクトは甚大なものとなるだろう。とても保険機構の数兆円で救済することはできない。

となると「最後の貸し手」、日銀と日本政府の出番だ。「金融再生特例法」なりの特別の法律を国会で通し、特例的に政府救済するのが順当なシナリオだろう。

一方、地銀の場合はどうだろうか。地銀最大手福岡フィナンシャルグループの総資産は約二〇兆円で、横浜銀行を擁するコンコルディアが一八兆円、常陽銀行と足利銀行を擁するめぶきフィナンシャルが一六兆円と続く。中堅どころでは京都銀行、広島銀行、中国銀行など八～九兆円規模から京葉銀行、紀陽銀行などが四～五兆円となる。東北銀行や島根銀行など総資産一兆円に満たないところもあるがこれらは少数だ。地銀各行の規模を考えると、中堅以下の二、三行ぐらいであれば、保険機構の救済で賄うことはできるかもしれない。

ただ、一〇行単位の連鎖破綻となれば「地銀パニック」というべき状況も想定される。健全な地銀にも取り付けが殺到して引き出し不能となれば、保険機構の保護資金も枯渇し、やはり対応はできないだろう。

ここからは想像だが、おそらく次の危機までは、日本政府が金融システム維持のために「政府保証」を行なうことは可能かもしれない。ただ、その次はないかもしれない。なにしろ日本政府は、約一三〇〇兆円という莫大な債務を負っているのだ。

さらに、政府は現在「貯蓄から投資へ」というスローガンを推進している。そのねらいは、国民が銀行にブタ積み（無利子のお金が無駄に積み上がっている状況）するお金を金融市場に回せば市場が活性化するとか、あるいは社会保障制度の維持が厳しい中、人生一〇〇年時代の資産形成は個人レベルで取り組め、という文脈であるが、金融システムの観点で見直すと「間接金融」から「直接金融」へ、という意味にもなる。つまり、銀行に預金してもマネーは動かない、だったら銀行以外にお金を流しましょうということだ。

さらに論を進めるならば、「稼げない銀行は淘汰されます」ということだ。二〇一五〜一八年にかけて金融庁改革を主導した森信親第九代金融庁長官は、「顧客本位を実践できない金融機関が淘汰されていく市場メカニズムが有効に働く環境を作って行くことが我々の責務である」と講演で語っており、現在の金融庁の基本スタンスとなっている。

今や構造的に稼げない環境下にあり、さらに政府からも淘汰を宣告される銀行業界。目先すぐには銀行がなくなりはしないだろうし、破綻してもペイオフ分は戻ってくる可能性が高いものの、果たしてこれほど見通しの暗い銀行に大事な資産をまとめて預け続けることが得策なのかどうか。まだ状況が穏やかな今のうちに、真剣に考えておくべきだろう。

金融システムはこれからどうなって行くのか

では、未来の金融システムはどうなって行き、日本の金融機関はどうなるのか。そして私たちはそれをどう活用すべきなのか。フィンテックの進展度や景気循環などの不確定要素も影響するため予測は難しいが、あえて大胆に予想してみたい。

まず結論的に言えば、メガバンク、ゆうちょ、農林中金などは、生き残るものの大幅なリストラは避けられない。支店は大都市圏に限られ、主要サービスはネットバンキングが主力となる。預金（保管）業務や決済業務、外国為替、信託、送金など銀行業の固有の業務は引き続き残るが、稼ぎの融資はどんどん細って行き、今とはまるで別の会社になって行くだろう。また、融資で稼げないとなると、今まで手数料なしでやっていた固有業務にも高い手数料がかかるようになる。

また体力のあるメガバンクは、まったくの異業種に次々参入して行く。すでにこの流れは始まっている。二〇一九年九月二四日付の日本経済新聞によるとみずほフィナンシャルグループでは、グループ全社員に対し、二〇一九年八月から「次世代金融プロジェクト」と銘打って融資・決済などの伝統的業務に留まらない新ビジネスの提案を募集している。介護などの非金融分野、あるいは新興企業とのフィンテック共同事業なども考えられるという。

三菱ＵＦＪ銀行では、行員が週一、二日程度スタートアップなど外部企業で働ける制度を開始した。外部企業に財務などの助言を通じて関係強化を図るのが狙いという。三井住友フィナンシャルグループも、預金残高やカードの履歴を活用したマーケティングなどの事業を検討しているという。

銀行は、独自のノウハウで新しい価値創造をすることができなければ淘汰される時代になる。人材が厚く、多様なノウハウを持つメガバンクは相対的に有利な一方、地銀の生き残りは極めて厳しいものになる。「近くに支店やＡＴＭがある」という地銀の利便性は、ネット化やコンビニＡＴＭの普及で完全に意味を失った。また、過疎化・高齢化が進み産業が先細りして行く地域では、融資需要も激減する一方だ。その中で、たとえば地場産業の活性化に貢献できるなど、地域にとってかけがえのない金融仲介者になれるかが、生き残りの分かれ目となる。

地域金融という観点では、地場の中小企業の資金需要にもきめ細かく対応し続け、独自のポジションを獲得している信金や信組の方が今後の生き残りは有利かもしれない。地域によるが、地銀がなくなって信金・信組が生き残るというケースも出てくるだろう。

私たち国民の視点で見ると、銀行は今までのような「利息をもらえて金融サービスも無料」という時代から「利息が付かないのは当然で、手数料を払って金融サービスをやってもらう」存在に代わる。また、主要なサービスは支店に行かず、ほとんどネットバンキングでできるようになる（すでになっている）。

逆に言えば、インターネットが使えない人は非常に不便ということで、もし使えていない人は今からでも習熟した方がいい。そうしないと確実に「金融難民」化することになる（キャッシュレス決済が進んだノルウェーでは、一部高齢者が「キャッシュレス難民」化して社会問題となっている）。現金引き出しは、原則コンビニのＡＴＭを利用することになる。大都市に行けば支店はあるが、支店の窓口やＡＴＭでおろしても手数料は取られることになるだろう。

預金保護の仕組みは継続するが、政府は今までのように銀行が抱えた不良債権を丸抱えする「政府保証」は行なわず、最低限の保証しかしなくなる。銀行は新たな自己資本規制で、預金総額のペイオフ相当を自己資本で用意することとなる。それ以上の損失は銀行と株主が責任を負い、国は一切面倒を見ないという構造だ。

また、「貯蓄から投資へ」の言葉通り、決済に必要な最少額のみ銀行に預け、それ以外は株式や投資信託、あるいはフィンテックで台頭してくる「クラウドファンディング」や「ソーシャルレンディング」などから自分で選択し、直接投資するのが一般的な資産運用法になる。

そうした運用に労力を割きたくない人向けには、ＡＩなどを使った「投資アドバイザーサービス」が重宝されるだろう。

将来の金融システムについて極めて大雑把に見てきたが、実は目新しい話はほとんどしていない。実は、ここに挙げたものの多くが二〇一九年現在でもすでに実用化されているのだ。そして一部の若年層などにとっては、インターネットや新興の金融サービスを柔軟に取り込み、新たな資産運用を行なうことは当たり前になっている。彼らにとって、銀行とは決済に必要な最小限のお金を入れるだけの「小さな道具」に過ぎない。つまり、もう時代は変わっているのだ。将来のある時点では、そうした利用形態の方が多数派になっているだろう。

私は、そうした金融の変化の重大な転換点となるのが、次の金融危機だろうと見ている。そして、それは読者の皆さんにとっても決して他人事ではない。新たな金融システムのトレンドを取り込み、次なる危機をも乗り越えて行けるのか、あるいは旧態の金融システムを信じて命運を共にするのか……。選択は、皆さん一人ひとりの手に委ねられているからだ。

第三章　世界はゆっくり、最後は急激に崩壊へ

――パラダイム大シフトの衝撃

天下において、何事かを成そうとする者は、
膿もよく腫れないうちには針で患部を突くことができないのと同じで、
時期を判断することが大切です

（坂本龍馬）

経済危機は一〇年周期でやって来る!!

この三〇年ほどの世界経済には、驚くべきパターン性がある。それこそ、「危機の一〇年周期」と呼べるものだ。

まず、日本がバブルの最盛期に入って行こうとする一九八七年、アメリカのニューヨークでトンデモナイことが起こった。ブラックマンデーである。八七年一〇月一九日にニューヨーク株式市場で起きた、史上最大規模の株価の大暴落がそれだ。この日、ニューヨークダウは一日の取引で終値が前週末より五〇八ドルも下落し、その下落率は世界恐慌を引き起こした一九二九年一〇月二四日のブラックサーズデーの一二・八％を上回り二二・六％にもおよんだ。

そのちょうど一〇年後、一九九七～九八年にかけて、アジア危機とロシア危機が発生した。一九九七年七月のタイ通貨バーツの暴落を皮切りに、フィリピン・インドネシア・韓国などアジア各国の通貨はまたたく間に急落。アジア各国はたちまち外貨準備を失い、金融危機と景気後退の直撃を受けることになった。九七年末、韓国はデフォルト寸前にまで追い込まれ、ＩＭＦ管理による経済の立て直しを余儀なくされた。

アジア通貨危機は、九八年にはロシアや中南米諸国にも波及した。九八年八月一七日、ロシアがルーブルを切下げ（対ドルで最大二四・七％の下落容認）、民間対外債務を九〇日間支払猶予（モラトリアム）することを宣言した。これによりルーブルは急落し、八月二六日には対ドル取引の不成立を宣言。八月二七日には為替取引を全面的に停止し、その後九月七日に対ドルの取引を再度停止したことにより、一ドル＝二〇ルーブル台へ下落した。この危機により、米国債売り／ロシア国債買いという裁定取引が破綻し、ノーベル経済学賞受賞者が運用に加わり「ドリームチームの運用」とさえ呼ばれていた大手ヘッジファンド・ＬＴＣＭが破綻するなど、余波は先進国経済にも広がった。

そして、その一〇年後の二〇〇八年に起こったのは、あのリーマン・ショックである。二〇〇八年九月一五日、当時全米第四位で格付けトリプルＡの名門投資銀行リーマン・ブラザーズが経営破綻。その負債総額は六一三〇億ドル（約六七兆四三〇〇億円）にもおよび、アメリカ合衆国の歴史上、最大の企業倒産であった。そのため、世界連鎖的な信用収縮による金融危機を招いたことは、読者の皆さんの記憶にも新しいであろう。

このように、この三、四〇年間の間に世界を揺るがした経済危機は、ほぼ一〇年周期で起こっている。ということは、二〇一八～一九年頃になにか起きていなくてはオカシイはずなのだ。ではなぜ、まだ危機は勃発していないのか？

一二八～一二九ページの図をご覧いただきたい。もう一つの流れがあるのだ。一九九〇年の日本のバブル崩壊。その一〇年後に起きたのがアメリカのＩＴバブル（ドットコム・バブル）崩壊。日本のバブル崩壊に関しては、言わずもがなであろう。アメリカのＩＴバブル（ドットコム・バブル）崩壊とは、一九九九～二〇〇〇年にかけてアメリカを中心にインターネット関連企業の実需投資や株式投資の異様な高揚感を背景に、ＩＴ関連の株価が異常に上昇した後、短期間で急落した事象を指す。これにより景気が急速に後退し、世界に不況をも

10年周期でやってくる

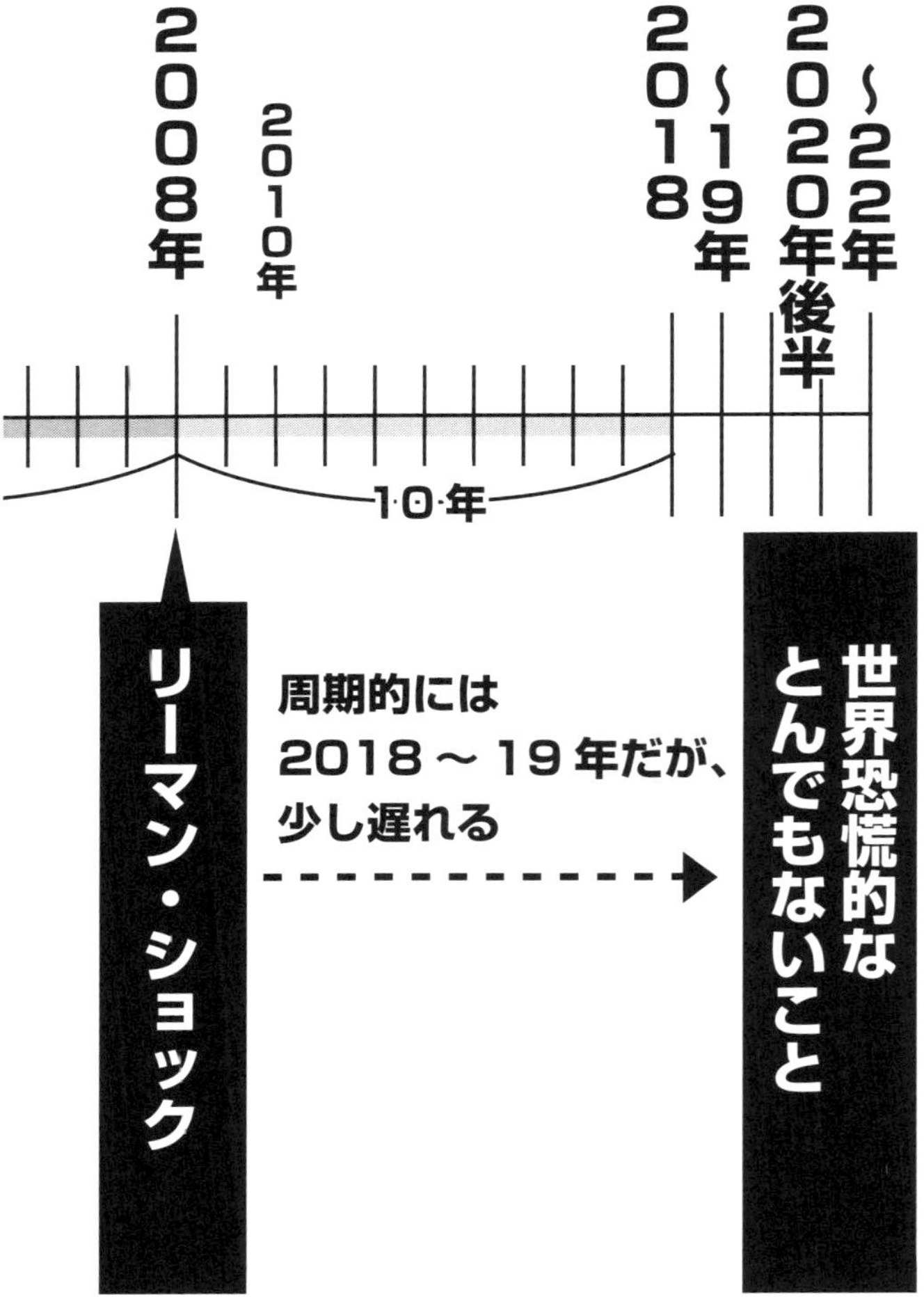

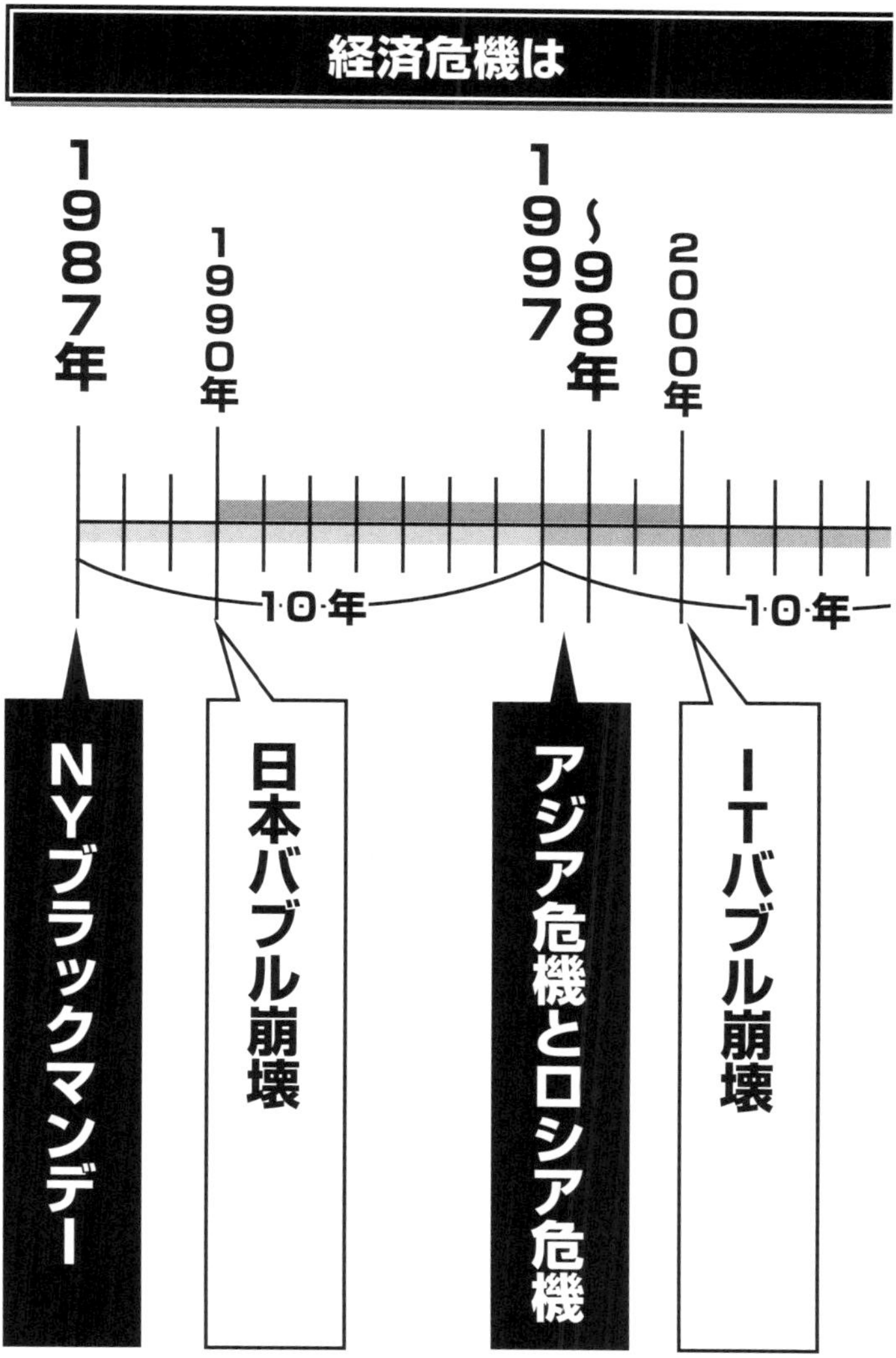
経済危機は
1987年
1990年
1997～98年
2000年
10年
10年
NYブラックマンデー
日本バブル崩壊
アジア危機とロシア危機
ITバブル崩壊

たらした。

私は、この両方の流れが収斂《しゅうれん》して、そして後述する各国政府の先送り政策により、時期はもう少し遅れて世界恐慌的なとんでもないことが二〇二〇年の後半〜二二年にかけて起こるだろうと見ている。

今、世界経済が直面する五つの問題点

経済危機が起こると、各国政府はそれを乗り越える手を打つ。しかし危機が大きければ大きいほど、打つ手も極端になる。そして一〇年が経てば、その極端な政策によるひずみは大きくなり、マグマは溜まる。また、別の新たな問題も発生する。では今、世界経済の巨大なひずみ・マグマ、あるいは大きな問題点とはどのようなものがあるのであろうか。

まず第一に挙げられるのは、「一万年の人類の文明史の中でも最悪・最大の借金をしてしまったこと」だ。これに関しては、本書の第一章で詳述したほど前

代未聞の異常事態だ。政府・企業・金融機関・家計、この四分野合わせて日本円換算で二京七〇〇〇兆円という想像を絶する借金の額になっているのである。

次に挙げられるのは、マイナス金利という異常事態の常態化によってもたらされた「邦銀の大量ＣＬＯ買い」だ。これは、リーマン・ショックを引き起こしたＣＤＯとそっくりの代物で、第二章で述べたように、「ゾンビ企業」への融資が混ざっている「ゾンビまんじゅう」と言うべきものだ。そんなものを運用難に陥っている邦銀は、苦し紛れに大量に保有してしまっているのである。

さらに現在、リーマン・ショック後の世界経済をけん引してきた中国がかなり失速している。中国政府の発表によると、二〇一九年四～六月期の実質国内総生産（ＧＤＰ）の前年同期比は六・二％増で、二〇〇八年のリーマン・ショック後の二〇〇九年一～三月期の同六・四％を下回った。

そうはいっても、六％も成長しているじゃないかという向きもあろうが、中国統計のいい加減さはよく知られているところであり、この数字は「大本営発表」で実態はマイナスに落ち込んでいると見る識者もいる。たとえば、工業生産の要である自動車、不動産開発に不可欠なセメント。この二つの生産台数・生産量の前年比は、すでに一〇％以上もマイナスに落ち込んでいるのだ。中国のバブル崩壊については後述するが、地方政府を中心に巨額の不良債権を抱え、金融機関もかなりヤバい状況だ。

四点目は、世界的な不動産バブル崩壊だ。不動産バブルに崩壊の兆しが見え始めているのは、中国ばかりではない。ニュージーランド・オーストラリアといったオセアニアの国、香港・米国・カナダ・ヨーロッパ……。第一章、第二章でも触れたが、香港と共にオセアニア圏で特に顕著だ。

私はニュージーランドに毎年二回長期滞在しているので皮膚感覚でわかるが、ニュージーランドの不動産価格はこの二五年で六倍にもなった結果、持ち家を購入するどころか借家の家賃も払えない〝ホームレス〟が激増している。オーストラリアの不動産価格はリーマン・ショックに見舞われた二〇〇七〜〇九年にも目立って下げることもなく、二〇一〇年以降は五割近い上昇となっていたのだが、二〇一七年以降下げが顕著になり一割以上も下げている。対ＧＤＰ比で見た家計の債務比率は一二〇%にも達しており、日本のバブル崩壊期の七〇%をはるかに超えている。これほど借金をするのは資産価値の上昇を前提にしているからで、不動産価格の下落が顕著になれば破綻する家計が続出するだろう。

このように、全世界的に不動産バブルはパンパンに膨らんでおり、破裂寸前の状態にある。

そしてダメ押しになりそうなのが、米中貿易戦争だ。米中貿易戦争は後述する覇権の移行に伴うものであり、もはや回避は不可能だ。そして、イギリスからアメリカへの前回の覇権の移行期に発生したブロック経済を想起させる。その結末は、破滅的なものになる可能性大だ。この貿易戦争、当初は中国への打撃が大きくアメリカはそれほど大きな影響を受けなかったが、エスカレートするにしたがってアメリカ経済への影響も大きくなってきた。

当初アメリカは、一般の消費者が買わないもの、原材料や部品などに関税をかけていた。しかしエスカレートするにつれ、洗濯機など一部の家電製品や家具・帽子・旅行かばんなど消費者に直接響くようなものにも関税をかけるようになった。その象徴は、アップルのアイフォンやナイキのシューズである（トランプの言うことは迷走していて、本書を執筆している二〇一九年一〇月三日現在では、アイフォンへの追加関税は一二月一五日まで先送りされている）。

これらへの高関税は当然、アメリカの消費者にも企業にもマイナスになる。今後ますますその影響は大きくなるだろう。すでに、米サプライ管理協会（ISM）が一〇月一日に発表した九月の製造業総合景況指数は四七・八と前月から一・三ポイント低下し、二〇〇九年六月以来、一〇年三ヵ月ぶりの低水準になっている。

危機を先送りした分、最後はトンデモナイ崩壊が

世界経済にはこれほど悪材料がそろっているのに、なぜ危機の表面化が遅れているのか。それは、各国政府と中央銀行がなりふり構わず支えているためだ。

世界経済が直面する5つの問題点

1. 2京7000兆円という借金

2. （邦銀の）大量CLO買い

3. 中国経済が失速＋巨大な不良債権

4. 世界的不動産バブル崩壊

5. 米中貿易戦争

特に、米中貿易戦争の両当事者であるトランプと習近平は必死だ。トランプは、二〇二〇年一一月の大統領選、これしか眼中にない。それまでは経済を崩壊させるわけには行かないのだ。だから、米連邦準備理事会（ＦＲＢ）に大幅な利下げを求め続け、圧力をかけ続ける。二〇一九年九月一八日に〇・二五％の追加利下げがなされた際にも、「ジェイ・パウエル（議長）とＦＲＢはまた失敗だ。根性も分別も先見性もない！　ひどい伝達者だ！」とツイッターで口汚くののしった。小幅利下げに我慢がならなかったのだ。

同じように、習近平も経済を支えるのに必死だ。二〇一八年に憲法を改正して「終身」国家主席を可能にした。独裁体制を着実に固めているように見えるが、それは両刃の剣だ。経済悪化が顕著になれば、民主国家の政権交代というレベルではないことが起こる。中国共産党支配の崩壊、今香港で叫ばれている「革命」だ。もしそんなことになれば、かつてルーマニア共産党書記長・大統領として君臨したチャウシェスクの末路＝公開処刑もあり得ないことではない。だから、習近平も絶対、中国経済を崩壊させるわけには行かない。

米中ばかりではない。日本も安倍首相の下、アベノミクスによって異常な金融緩和が続けられている。アメリカのＦＲＢやヨーロッパの欧州中央銀行（ＥＣＢ）も、日銀同様リーマン・ショック後は前例のない量的金融緩和を行なった。しかし経済の回復に伴って、いずれも一旦は緩和を終了した。しなかったのは日銀だけである。日銀は今も年間六兆円もの日本株（ＥＴＦ、上場投資信託）を購入しており、今や上場企業の半数で日銀が「大株主」（上位一〇位以内の株主）となっている。株ばかりではない。日銀は不動産（ＲＥＩＴ、不動産投資信託）まで買っている。年九〇〇億円。一銘柄あたりの保有は一〇％が上限だが、約二〇銘柄では五％以上を持つ大株主だとみられる。いずれも、市場を日銀が持ち上げる、買い支える働きをしているのは明らかだ。

こういった各国政府のなりふり構わぬ経済下支え政策により、危機の到来は大分遅れるだろう。本来なら、二〇〇八年プラス一〇年で二〇一八〜一九年に危機が起きていたはずなのだが、おそらく二、三年遅れると思われる。こうして、危機はすぐにはやってこないため人々は安心してしまうが、先送りした分、最後はトンデモナイ崩壊が起こる。先送りした分、むしろ崩壊はすさまじい規模になるのだ。

「千丈の堤も蟻の一穴」という不気味なことわざがある。堅固な堤防もアリのつくった小さな穴から崩れ始めるという意味だが、近いうちに発生する経済崩壊はこれと同じようになるだろう。つまり最初はゆっくり、少しずつきざしが見え始める。それが「蟻の一穴」だが、これは崩れ出すと速い。急激な変動がやってきて、最後は一気に市場を、経済を、押し潰してしまう。株価大暴落と巨大金融危機＝大恐慌は、二〇二〇年後半～二一年のどこかでやってくるのだ。

一九三〇年代の大不況よりも出口がない閉鎖状況

今のこうした状況を、私のように予言していた学者もいる。リーマン・ショック直後の二〇〇九年三月、『大転換――脱成長社会へ』を上梓した佐伯啓思京都大学名誉教授（当時教授）だ。リーマン・ショック後、世界は足並みを揃えて前代未聞の金融緩和政策に走った。佐伯氏はその「ほとんど無制限といってよいような」（『大転換——脱成長社会へ』佐伯啓思著〈ＮＴＴ出版刊〉）資金供給による危機の回避は「ただ事態を先送りするだけであろう」（同前）と述べた。そして、明確にこの危機回避政策の行き着く先を予言した——「これらの資金は、実体経済において適切な投資先がなければ、結局は、また、金融市場や不動産市場で資産バブルを生みだすほかなかろう。バブルの規模はいっそう大きくなり、バブル崩壊の影響はいっそう深刻になろう」（同前）。

リーマン・ショック後の世界経済がまさにその道を辿《たど》ったのは、本書の読者には今更言うまでもないことであろう。その帰結が、第一章で述べた「二京七〇〇〇兆円」もの債務だ。マネーが向かった先は、「実体経済における適切な投資先」ではない。というのも、実体経済にそんな投資先はないのだ。ないから、不動産市場に回ってバブルを惹起し、債券市場に回ってマイナス金利の常態化を引き起こし、ＣＬＯなる証券化商品が脚光を浴びたのだ。

佐伯氏は今の世界経済が陥っている深刻な状況について、このようにさえ指摘する。「われわれは一九三〇年代の大不況時と比較して、ある意味では、もっと出口のない閉塞状況に追い込まれてしまった、ともいえよう」（同前）。なぜなら、どんな政策を採っても、それは抜本的な解決策にはなり得ず、ただ危機の先送りに過ぎないからである。だから佐伯氏は次のように、予言的に断じる――「今日生じていることを、ひとつの文明的な出来事として把握しなければならない。さもなければ、将来、もっと大きな破局的で取り返しのつかない『大危機』に見舞われるだろうからである」（同前）。

そうなのである。今、日本経済がぶつかっているのは、あるいは先進国経済がぶつかっているのは、単なる経済問題ではないのである。「文明的な出来事」なのである。そういう観点から見て行かなければ、リーマン・ショック後と同じように、一時しのぎの対症療法を繰り返すことになる。では、「文明的な出来事」とはどういう意味か。佐伯氏はこう続ける。「本書の意図は、ただひとつ、この危機を西欧近代主義が生みだし、アメリカによって世界化された現代文明の大きな危機として認識する、というものである。いってみれば、この危機を、

『文明の破綻としての経済危機』として認識する、ということだ」（同前）。

話がいきなり文明論となって、よくわからない読者もいらっしゃるであろう。この大きなテーマについては、本章を通してお伝えして行くことにして、まずはシンプルに今経済社会にどんな変化が起こっているかといえば、それは佐伯氏の著書のサブタイトルにある「脱成長社会」、つまり、経済成長しない社会になってきているということだ。

成長主義は限界を迎えた

先に紹介した佐伯氏の著書名は『大転換――脱成長社会へ』であったが、実は私も似たようなタイトルの本を上梓したことがある。『パラダイム大転換』という本だ。出したのは私の方が先で、第二海援隊設立前の一九九六年には「学研」から出版した。やはり、文明史的な観点からパラダイム大転換を迎えていることを説いた書だ。

さて、佐伯氏の『大転換――脱成長社会へ』と私の『パラダイム大転換』、この二冊の中で共通して紹介している本がある。それは、ローマ・クラブの『成長の限界』である。一九七二年に出された本で、当時は大変話題になった。私も大学一年の時にこの本に触れ、非常に感銘を受け、体に染み込ませるくらい何度も読み返したものだ。「ローマ・クラブ」というのは、一九七〇年にスイスで設立された国際的な研究・提言機関である。この本から、アメリカの成長について述べている部分を少し引用してみよう。

アメリカの都市が新しかったころには、その成長は激しかった。土地は豊富で安く、新しいビルがたえず建設され、人口および都市地域の経済活動は増加した。しかし遂には都心部のすべての土地は使用し尽くされてしまった。(中略) それに対する技術的解答は、高層建築とエレベーターの開発であり、それにより成長を押える要素としての土地面積の制約は実質的に解決された。都心部には、ますます多くの人

と仕事とが集中した。つぎに、新しい制約があらわれた。高密度な都心部の内外を商品や労働者がすばやく移動することはできなくなった。再び技術がその問題を解決した。高速道路網や大量輸送システムが建設され、高層ビルの屋上にはヘリコプターの発着場がつくられた。輸送の限界は克服され、ビルはますます高層化し、人口も増大した。

今やアメリカの大都市のほとんどは、成長をとめてしまった。

（『成長の限界』ローマ・クラブ著〈ダイヤモンド社刊〉）

一九七〇年代に書かれたものであるが、今読み返してみても時代を深く見通している指摘であると感じる。近世以降、人類は新たに生起して来る問題を技術の進歩によって次々と乗り越えてきた。その先に、〝フロンティア〟があった、〝成長〟があった。成長は無限に続くと信じられた。欲望は自然をも次々と凌駕して行った。この本では「文化全体」が「限界と戦うという原則をもって進歩してきた」（同前）と表現しているが、これこそが西洋文明の特質であろう。し

かし、実はもう一九七〇年代から、その「限界」は見えていたのだ。

七〇年代以降も先進諸国は成長を続けた。しかし、一九八〇年代後半〜九〇年代にかけてのわが国の「バブル景気」、一九九〇年代後半〜二〇〇〇年代初頭にかけてのアメリカの「ドットコム・バブル」（ＩＴバブル）、リーマン・ショックを招いたサブプライム・ローンに象徴される「不動産バブル」、そして今進行中のマイナス金利が常態化しＣＬＯなる証券化商品にマネーが群がるような「債券バブル」と再び三度やってきた「不動産バブル」……そう、「バブル」ばかりなのである。もはや、まともに経済を成長させる需要・モノへの欲望は限界に達したのだ。だから、どれほどマネーじゃぶじゃぶの金融緩和をやっても、財政出動をしても、「経済成長」はしないのである。ただ、バブルが膨らんでは潰れ、膨らんでは潰れる。それを繰り返すだけなのだ。

私たちはもう、この「文明史的転換点」に立っていることに気付かなければならない。成長を前提とした発想から脱却しなければならない。多くの国民はなんとなくではあっても、そういう意識を持っていることであろう。

問題なのは、政治である。経済成長を前提にして、「給付は減らさない。負担は増やさない」と国民に甘い顔をし、社会保障は大丈夫のように装う。心の底ではわかっている国民も、そう言われれば国を頼る気持ちは高まる。しかし、現実にはこんな甘い見通しの社会保障制度に未来はない。本章のタイトルにあるように「最後は急激に崩壊へ」である。その時、この国はどうなるか？　国民はどうなるか？　甘やかされた国民は、「国が面倒を見るのが当たり前」の意識になっているから自ら立つ気概などなく、ただ不安におののくか、不満を爆発させるだけであろう。いずれにしても醜い姿である。

八〇〇年周期説が予言する西洋文明没落

さて『パラダイム大転換』の中で、私が「西洋合理主義の限界」という小見出しを付けて、名著『成長の限界』を紹介しているところから一部引用しよう。

この本の凄みというのは、コンピュータによって二〇五〇年頃までのシミュレーションをすべてやっている点だ。そしてこのままいけば、完璧に破綻するということを非常に論理的に説明しているのである。

その一つとして、非常に面白い逸話がある。ある池に、女の子が蓮を植えた。それは一日で倍に成長していった。すると最初は池の少しの部分を占めるだけだったのが、ある日、半分を占めるようになった。このままでは池がすべて蓮で埋め尽くされてしまう。しかし、それに気づいて埋め尽くされるまであと何日かを考えてみると、あと一日しかない。一日で倍に増えているのだから、明日にはいっぱいになるわけだ。つまり、その時点ではもう手の打ちようがなかったという話である。

これは、人口の数、食糧の量、あるいは資源の残量といったものを示唆している。数学的に言えば一次関数的に増減するのではなく、二次関数的に倍々で変化していくというわけだ。こうした二次関数的な増え方というのは、「気づいたときにはもう遅い」という怖さがある。
（『パラダイム大転換』浅井隆著〈学習研究社刊〉）

「その時点ではもう手の打ちようがなかった」「気づいた時にはもう遅い」――ここまで引用してきて、私はこの英語のことわざを思い出した。〝It is the last straw that breaks the camel's back.〟「最後の藁一本がラクダの背を折る」。荷物を乗せられるだけ乗せられたラクダは、最後はたった一本の藁のような軽いものでも背骨が折れてしまう。限界を超えると、まさかの大崩壊が起きてしまう。今の世界経済が、わが国の社会保障制度・財政が、この「ラクダの背骨」なのは読者の皆さんにはもう言うまでもないであろう。

さて、拙著からの引用を続けよう。先の引用箇所から少し中略を挟んだ後のところ、小見出しの「西洋合理主義の限界」について述べている。

ところで、長い人類の歴史の中でいままで人口は増え続けてきたが、

> それが即地球への破壊活動へとつながったのかといえば、決してそのようなことはない。それにつながったのは、やはりこの八〇〇年間なのである。そしてその八〇〇年の西洋人の社会を支えてきたのが、〝二つの背骨〟である。その一つは西洋科学合理主義であり、もう一つが資本主義だ。
>
> 　しかし、ここにきて、西洋科学合理主義そのものが限界に達している。彼らの考え方というのは、最初にすべてを自分たちに合うようにコントロールして作り替えるというものだ。その繰り返しが今日の限界を招いているわけである。（同前）

「八〇〇年」という言葉を繰り返し使って、西洋合理主義の限界について説いているが、これは文明の「八〇〇年周期説」から来るものだ。本章の冒頭で経済危機の一〇年周期について述べたが、もっと大きな文明史的観点から見ると、文明には八〇〇年周期があるのだ。私の読者でもこの八〇〇年周期説に関してはあまりご存じない方も少なくないので、ここで簡単に説明しておこう。

八〇〇年周期説とは、「東洋と西洋の文明は、八〇〇年ごとに盛衰を繰り返す」という村山節《みさお》氏が説いた歴史学説だ。村山氏の名前は日本ではあまり知られていないが、実はイギリスの伝統ある名士録（人名辞典）『WHO's WHO』に「MURAYAMA MISAO,statistical researcher（統計学研究者）」として掲載されている。ちなみに、この名士録に同姓の村山富市氏（元首相）の名は見当たらない。そう、ムラヤマ・ミサオは、世界で初めて歴史を統計学的に研究した「統計学研究者」として、一部の歴史研究家の間ではカリスマと目されるほどの存在なのである。

さて、では今から八〇〇年前、なにがあったか？　十字軍の遠征である。西ヨーロッパのキリスト教勢力による西アジアのイスラム教圏に向けての軍事侵攻だ。私たちは今も、西洋に憧れる。イギリスやフランス、ロンドンやパリと聞くと、優雅で格調高い文化の香りを感じる。しかし、それはこの八〇〇年の間に作られたイメージなのだ。八〇〇年前は、軍事力にものを言わせる文字通りの野蛮人そのものだったのだ。

一〇九九年、第一回十字軍はイスラム教徒のセルジューク朝の支配下にあったエルサレムを占領して、エルサレム王国を建設する。いわゆる「聖地回復」に成功するのである。キリスト教徒も多数移住し、ローマ教皇の権威は絶大なものとなった。この辺りまでは、(キリスト教サイドからすれば)正義の戦いと言えなくもない。しかし、一三世紀初めの第四回十字軍は商業的な目的からコンスタンティノープル(現在のトルコの首都イスタンブール)を攻撃、占領し、本来の目的から大きく外れて行く。経済的目的が強くなって行ったのだ。

武力でもって西アジアを侵略し、ありとあらゆるものを略奪した十字軍はヨーロッパに凱旋した。この時、開かれたのが地中海航路である。今も「水の都」と呼ばれる北イタリアのベネチアは、略奪品の陸揚げ港として栄え始めたのだ。北イタリアにもたらされた品は、陸路でフランスや北ドイツに運ばれ高値で売られた。こうしてヨーロッパのキリスト教世界は、経済力を蓄えて行った。世界初の銀行や複式簿記が生まれたのも、この時期の北イタリアにおいて

イギリスの伝統的名士録『WHO's WHO』に統計学研究者として掲載された村山節氏

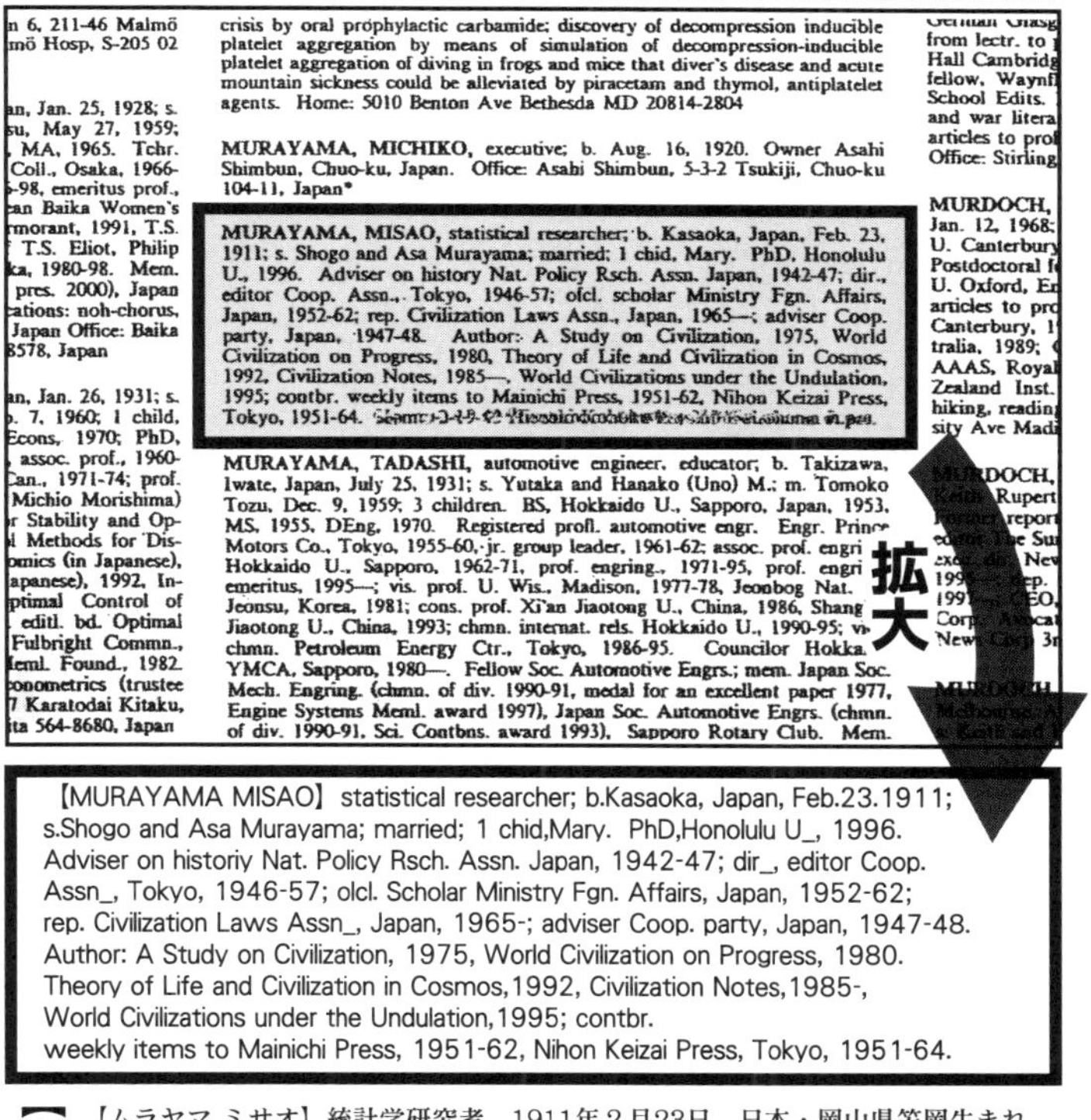

crisis by oral prophylactic carbamide; discovery of decompression inducible platelet aggregation by means of simulation of decompression-inducible platelet aggregation of diving in frogs and mice that diver's disease and acute mountain sickness could be alleviated by piracetam and thymol, antiplatelet agents. Home: 5010 Benton Ave Bethesda MD 20814-2804

MURAYAMA, MICHIKO, executive; b. Aug. 16, 1920. Owner Asahi Shimbun, Chuo-ku, Japan. Office: Asahi Shimbun, 5-3-2 Tsukiji, Chuo-ku 104-11, Japan*

MURAYAMA, MISAO, statistical researcher; b. Kasaoka, Japan, Feb. 23, 1911; s. Shogo and Asa Murayama; married; 1 chid, Mary. PhD, Honolulu U., 1996. Adviser on history Nat. Policy Rsch. Assn. Japan, 1942-47; dir., editor Coop. Assn., Tokyo, 1946-57; ofcl. scholar Ministry Fgn. Affairs, Japan, 1952-62; rep. Civilization Laws Assn., Japan, 1965—; adviser Coop. party, Japan, 1947-48. Author: A Study on Civilization, 1975, World Civilization on Progress, 1980, Theory of Life and Civilization in Cosmos, 1992, Civilization Notes, 1985—, World Civilizations under the Undulation, 1995; contbr. weekly items to Mainichi Press, 1951-62, Nihon Keizai Press, Tokyo, 1951-64.

MURAYAMA, TADASHI, automotive engineer, educator; b. Takizawa, Iwate, Japan, July 25, 1931; s. Yutaka and Hanako (Uno) M.; m. Tomoko Tozu, Dec. 9, 1959; 3 children. BS, Hokkaido U., Sapporo, Japan, 1953, MS, 1955, DEng, 1970. Registered profl. automotive engr. Engr. Prince Motors Co., Tokyo, 1955-60, jr. group leader, 1961-62; assoc. prof. engring Hokkaido U., Sapporo, 1962-71, prof. engring., 1971-95, prof. engring emeritus, 1995—; vis. prof. U. Wis., Madison, 1977-78, Jeonbog Nat. Jeonsu, Korea, 1981; cons. prof. Xi'an Jiaotong U., China, 1986, Shang Jiaotong U., China, 1993; chmn. internat. rels. Hokkaido U., 1990-95; vi chmn. Petroleum Energy Ctr., Tokyo, 1986-95. Councilor Hokka YMCA, Sapporo, 1980—. Fellow Soc. Automotive Engrs.; mem. Japan Soc. Mech. Engring. (chmn. of div. 1990-91, medal for an excellent paper 1977, Engine Systems Meml. award 1997), Japan Soc. Automotive Engrs. (chmn. of div. 1990-91, Sci. Contbns. award 1993), Sapporo Rotary Club. Mem.

【MURAYAMA MISAO】 statistical researcher; b.Kasaoka, Japan, Feb.23.1911; s.Shogo and Asa Murayama; married; 1 chid,Mary. PhD,Honolulu U_, 1996. Adviser on historiy Nat. Policy Rsch. Assn. Japan, 1942-47; dir_, editor Coop. Assn_, Tokyo, 1946-57; olcl. Scholar Ministry Fgn. Affairs, Japan, 1952-62; rep. Civilization Laws Assn_, Japan, 1965-; adviser Coop. party, Japan, 1947-48. Author: A Study on Civilization, 1975, World Civilization on Progress, 1980. Theory of Life and Civilization in Cosmos,1992, Civilization Notes,1985-, World Civilizations under the Undulation,1995; contbr. weekly items to Mainichi Press, 1951-62, Nihon Keizai Press, Tokyo, 1951-64.

【和訳】
【ムラヤマ ミサオ】統計学研究者。1911年２月23日、日本・岡山県笠岡生まれ。
ムラヤマ・ショウゴ＆アサ夫妻の子。既婚。子は一人で名はマリ。
ホノルル大学で1996年にＰｈＤ取得。1942-47年＝歴史のアドバイザー、
日本国策研究所。1946-57年＝Coop協会（東京）・ディレクター、編集者。
1952-62年＝olcl.日本外務省の学者。1965年＝日本の文明法協会の代表。
1947-48年＝共同組合党（日本）・アドバイザー。
筆者：1975年「文明の研究」、1980年「進化する世界文明」、
1992年「コスモスにおける生命と文明の理論」、1985年「文明のノート」、
1995年「うねりの下の世界文明」、1951-62年毎日新聞の週コラムに寄稿、
1951-64年日本経済新聞。

である。

そして、ヨーロッパのキリスト教世界は、一五世紀から一七世紀の大航海時代に全世界に展開して行く。ヴァスコ・ダ・ガマやコロンブスといった人物が主役だ。ただ、「展開して行く」と言えば聞こえはよいが、大航海のその先にいた住民からすればこれほどひどい話はなかった。ヴァスコ・ダ・ガマはインド人を虐殺してインドを支配。アメリカ大陸を「発見」したコロンブスは、インディアンを大虐殺した奴隷商人でもあった。大航海時代とは、十字軍遠征に始まる西洋による武力侵略が全世界にまでおよんだ時代であった。

一五四〜一五五ページの「文明のDNAともいうべき世界文明図」をご覧いただきたい。DNAのように波打つ世界文明図の中で「ヨーロッパ文明」の波がまさに最高点に到達しようとしているその時代、一五世紀後半のところにこう記されている——「アメリカ発見　世界侵略」。

コロンブスの新大陸「発見」は一四九二年、一五世紀末である。その頃から一七世紀にかけての大航海時代は、この八〇〇年の西洋が支配する時代の中でも、もっとも力が漲《みなぎ》っていた時代であったと言えるだろう。

さて、二〇世紀の前半から中盤にかけて行なわれた第二次世界大戦までは、西洋諸国が世界中に植民地を設け支配し略奪するのは当然のこととされていた。しかし、第二次世界大戦後、風向きはすっかり変わった。戦後、植民地は次々と独立して行った。今の若い人は、わずか七十数年前までインドはイギリスが、ベトナムはフランスが、インドネシアはオランダが、フィリピンはアメリカが支配していたことなど知らないのではないだろうか。

アメリカではついに、黒人の血を引く大統領まで誕生した。一九六四年の公民権法制定まで「人種分離」こそが「合法」行為として大手を振ってまかり通っていた国においてである。それくらい、この一〇〇年で西洋は没落してきているのだ。それは、今一度世界文明図をご覧いただければ一目瞭然だ。二〇世紀は「ヨーロッパ文明」が真っ逆さまに急落して水面下に沈もうとして行く、そういう時代だったのだ。

世界文明図

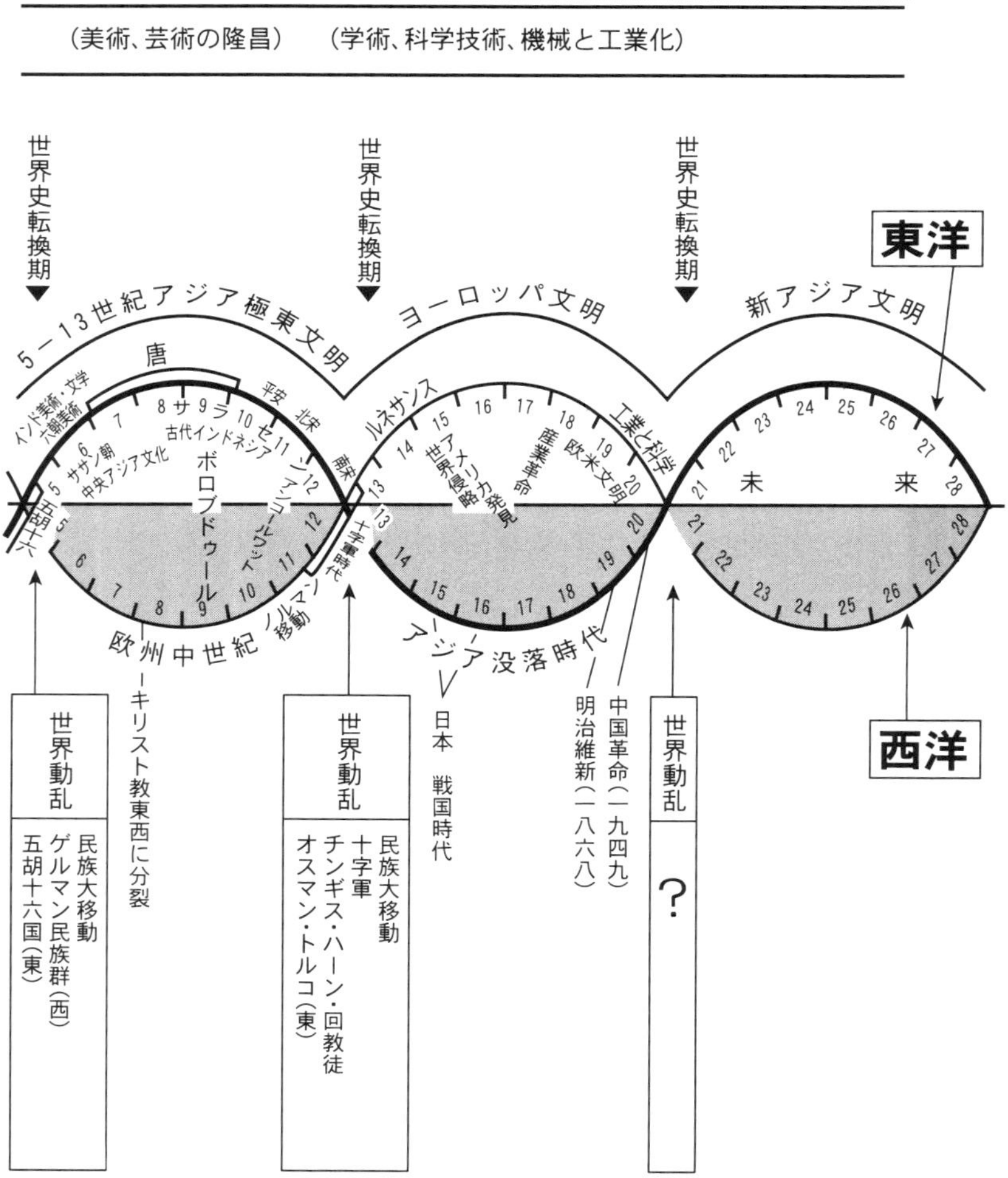

（美術、芸術の隆昌）
（学術、科学技術、機械と工業化）
世界史転換期
世界史転換期
世界史転換期
東洋
5－13世紀アジア極東文明
ヨーロッパ文明
新アジア文明
唐
インド美術・文学
六朝美術
ササン朝
中央アジア文化
平安
北宋
古代インドネシア
ボロブドゥール
アンコールワット
南宋
五胡十六国
ルネサンス
アメリカ発見
世界侵略
産業革命
欧米文明
工業と科学
未来
十字軍時代
ノルマン移動
欧州中世紀
アジア没落時代
キリスト教東西に分裂
日本　戦国時代
明治維新（一八六八）
中国革命（一九四九）
世界動乱
民族大移動
ゲルマン民族群（西）
五胡十六国（東）
世界動乱
民族大移動
十字軍
チンギス・ハーン・回教徒
オスマン・トルコ（東）
世界動乱
?
西洋

文明のDNAともいうべき

（司祭者王権の文明）　（宗教教義の組織化）　（市民共和制……大帝国）

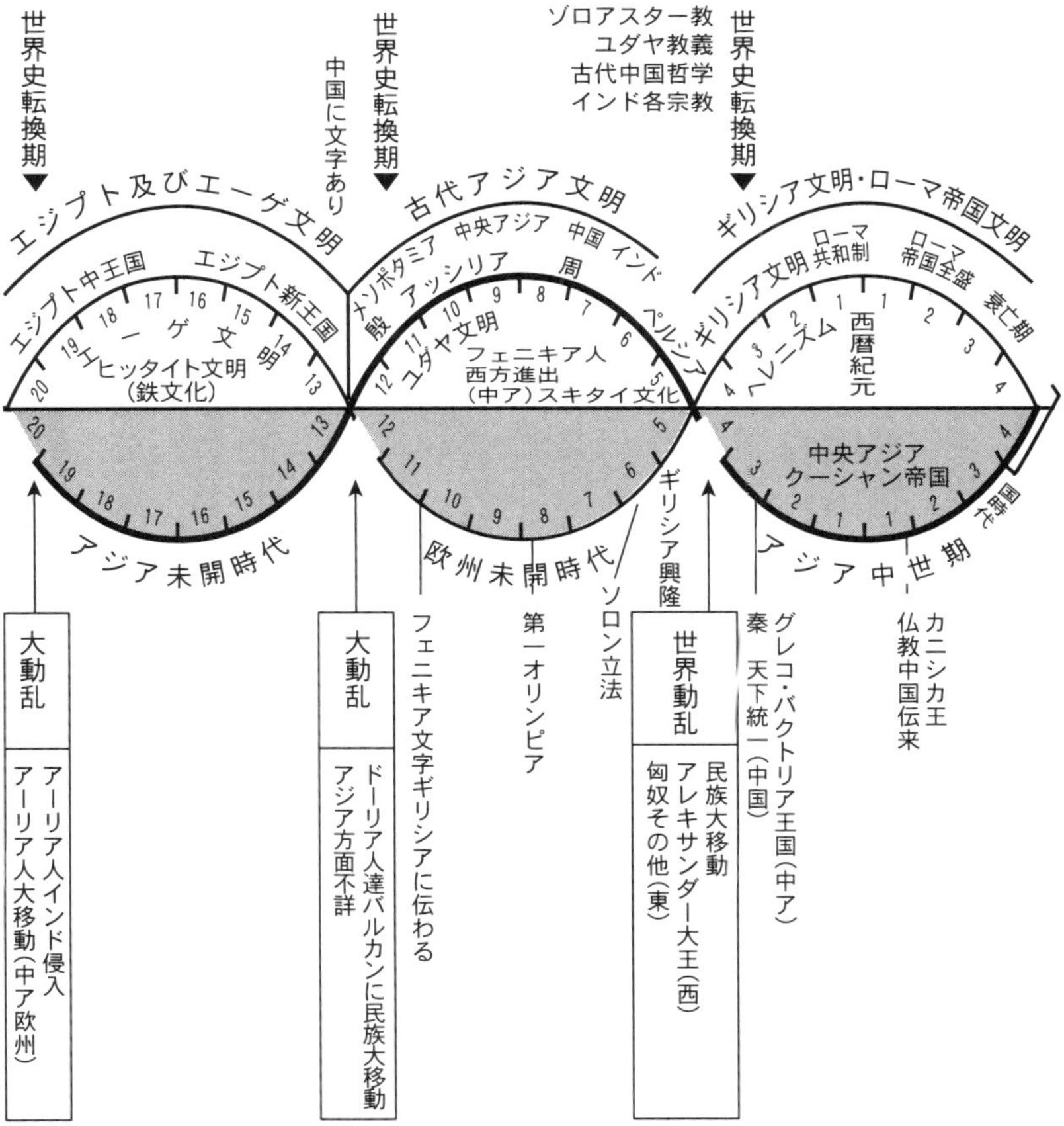

9・11テロと3・11大地震は起こるべくして起きた

さて、私は二〇〇九～一〇年にかけて、『9・11と金融危機はなぜ起きたか』（第二海援隊刊）を上下巻で上梓した。その中で、二〇〇一年九月一一日に起こったアメリカ同時多発テロがなぜ起きたかを解き明かした。

そう、あの大事件は、八〇〇年前の十字軍遠征に対するリベンジであり、八〇〇年ごとにやってくる文明交代期という大津波が仕掛けた「激突」なのだ。そして、これから東西文明の興亡が逆転する一つの兆候なのだ。

村山氏は、こう予言していた――「文明が交差する時期には、必ず大混乱が起こります。二一世紀は動乱と天変地異の時代となるでしょう」。この言葉を、私は『9・11と金融危機はなぜ起きたか』でも紹介している。

「天変地異」――私がこの拙著を世に出したのは上述したように二〇〇九～一〇年にかけてで、村山氏がこの言葉を口にしたのはそのさらに一〇年以上前の一九九八年のことだ。いずれも、あの東日本大震災の前である。そして二〇一一年、一〇〇〇年に一度とも言われる東日本大震災が発生した。村山氏の八〇〇年周期説による予言は、ズバリ的中したと言わざるを得ない。二一世紀は、始まってわずか二〇年。おそらく「動乱と天変地異」はまだ序の口で、これからますます多発するであろう。そして、それは避けることはできない。

強《し》いて救いがあるとすれば、これから勃興しようという東洋文明は精神的で、どちらかといえば女性的であるという点だ。世界三大宗教（仏教・キリスト教・イスラム教）、あるいはこれにユダヤ教・ヒンドゥー教を加えた五大宗教のいずれの祖も東洋だ。イエス・キリストは西洋の白人じゃないかと思う方が当然いらっしゃると思うが、これは西洋美術においてキリストが白人に近い特徴で描かれたためそう思わされているだけだ。実際のキリストは、アラブ系ユダヤ人である。

一方、西洋文明はすでに見てきたように、科学の進歩に裏打ちされた男性的な力の文明、物質文明であった。しかしそれは、本章で見てきたように明らかに限界にきている。繰り返すが、「経済成長の時代は終わった」のだ。

それでも経済成長を目指そうとすれば、ただ繰り返しバブルを発生させるだけである。発生し、崩壊し、発生し、崩壊し……そして繰り返すたびに、その規模は巨大なものになって行く。そういう大転換の時代にあって、今問われるのは「価値観」である。

前出の佐伯氏は、成長率にこだわる成長至上主義に疑問を呈し、富の増大をそのまま進歩とみなす理由はどこにもないと断じる。東洋文明勃興の時代、経済に対する価値観の大転換が求められているのだ。

次の覇権大国・中国の巨大バブル崩壊は迫っている

ここまでは、「東洋と西洋の文明は八〇〇年ごとに盛衰を繰り返す」という八〇〇年周期の大きな流れについて解説してきた。この八〇〇年は西洋の時代であったとはいっても、その西洋の中でも覇権国家は移り変わっている。今の覇

世界五大宗教の祖は東洋にあり

西洋文明 ―― 男性的、物質的
限界に来ている

東洋文明 ―― 女性的、精神的
これから勃興

世界五大宗教

- 仏教
- キリスト教
- イスラム教
- ユダヤ教
- ヒンドゥー教

（仏教・キリスト教・イスラム教）世界三大宗教

権国家はアメリカであるが、その前はイギリス・大英帝国であり、さらにその前は無敵艦隊のスペイン、その前は十字軍遠征に始まるイタリアであった。

そして今、西洋から東洋への文明の大転換期にあると同時に、覇権国家も変わろうとしている。言うまでもなく「アメリカから中国へ」である。

そして、覇権の移行期にも決まった法則がある。それは「旧帝国から新興大国に覇権が移る時、必ず興隆しつつある国＝次の覇権大国（新興大国）の側でバブルが膨張し、やがてバブルがはじけてすさまじい大暴落に見舞われる」というものだ。なぜ、新興大国の側でバブルがはじけるのか？　簡単に言えば、「調子に乗るから」である。新興大国は若い。勢いに乗っている。だから、若気の至りで調子に乗って投機に走り、お祭り騒ぎを繰り広げてしまうのだ。

そして、お祭り騒ぎのツケは思った以上に大きい。前回、イギリスからアメリカへの覇権の移行期には、なにが起こったか？　一九二九年のウォール街大暴落に始まる世界大恐慌である。アメリカの株価は八〇％以上下落し、一時は全銀行が業務を停止。失業率は二五％に達した。そしてその後、世界は排他的なブロック経済から第二次世界大戦へ突入して行った……。

今、中国バブル崩壊の危機を伝える報道は、枚挙にいとまがないくらいだ。最近の記事からリアルに現状を伝えるものを少し紹介しよう。まずは、二〇一九年九月一五日付の毎日新聞で「世界経済・見て歩き：中国・華西村『金持ち村』の今　錬金術あだ、火の車　需要無視し過剰投資」と題する記事だ。一部を抜粋しよう。

村の中心には一一年に完成した七二階建てのビルがそびえ立つ。建設費に三〇億元以上をかけた「龍希国際ホテル」だ。しかし、客の姿はほとんど見かけない。八二六もある客室は大半が空室だろう。ホテルの六〇階には実物大の純金製の牛の象が鎮座する。時価総額三億元という村の名物だが、観光客は軽く足を止めただけで、すぐに通り過ぎていった。事業の成功で得た有り余るマネーを、需要を無視した過剰投資につぎ込んでいった姿が垣間見える。

（毎日新聞二〇一九年九月一五日付）

次は、九月二四日付日本経済新聞の「中国七〇年目の試練」という連載記事の第一回目。『『全人民は団結せよ』』という習近平の声を見出しにした記事からの抜粋だ。

八月末、山東省鄒城市。マンションの展示場前に数十人が集まった。工事完成や返金を求める人たちの抗議運動だった。農民を立ち退かせた再開発事業は資金不足で工事が止まり一年以上たつ。近所の商店主は「抗議は二日連続で起き、警察が出動する騒ぎになった」と明かす。バブル崩壊は社会不安と表裏一体だ。

（日本経済新聞二〇一九年九月二四日付）

そして、九月二六日付日本経済新聞一面。「ひずみ広げる緩和ドミノ　債務膨張に危うさ」と題して、中国の過剰債務の現状をこのように報じている。

過剰債務に悩む中国は景気減速と米中対立に見舞われ、金融機関の資産内容が急速に悪化。六月の不良債権と要注意先債権の残高はあわせて五兆八千億元（八七兆円）超と、五年前の二・五倍に膨らんだ。

（日本経済新聞二〇一九年九月二六日付）

そう、今すでに中国バブル崩壊の兆しは見えている。そして先の日本経済新聞の記事にあるように、バブル崩壊は社会不安と表裏一体だ。社会不安が高まれば、政府は不満の矛先を外に向けようとする。そうなれば、戦争もあり得ないことではない。

そして、その時中国の戦いの矛先が向けられるのはアメリカではなく、日本であろう。中国がいくら力を付けてきているとはいえ、アメリカに戦いを仕掛けるのはリスクが大き過ぎる。まともにやれば、勝ち目はない。敗れれば民心はさらに反政府に傾くだろう。それでは逆効果だ。その点、日本なら与しやすしだし、民心を簡単に乗せることもできる。中国では反日歴史ドラマや映画が長年にわたって作られ、毎日のように流され続けている。日本に戦争を仕掛ける心理的土壌「反日」は、もう培われているのだ。

八〇〇年周期、覇権の移行——この大きな文明史の流れの中に私たちは生きている。私たちは、さらなる巨大地震、中国の巨大バブル崩壊、世界大恐慌、そして仕掛けられる戦争にも、本当に備えなければならない。そういう時代に突入しているのである。

第四章　破壊者トランプのすご味
――狂人デストロイヤーは世界をズタズタにする

日本に限らず世界で経済危機が叫ばれていますが、
ピンチはやり方次第でチャンスにもなります

（クリスティアン・クルツケ）

「最高破壊者」トランプの登場

「言うまでもなく、ドナルド・トランプ大統領は『最高破壊者』だ。既存政治システムに解体用鉄球を得意げにぶつけて権力の座に就いたリーダーの筆頭格だ。だがトランプ氏は一番乗りしたわけではなく、最後尾でもないだろう」（米ウォールストリート・ジャーナル二〇一九年七月三〇日付）。

二〇一六年一一月八日は、まさに歴史的な日であった。そう、米国でドナルド・トランプが大統領選に勝利した日である。まさに衝撃的な勝利であり、超大国の米国がかなり変容してきているのではないか、ということを改めて印象付けた日であった。

私は日本国民であるため、米国の大統領選に口出しすることは控えたい。内政（他国）不干渉の原則に反する。トランプ氏に反対する多くの人が彼の人格面を攻撃したりするが、これらは内政不干渉以前の問題で、そもそも論評に値しない。具体的には、反トランプ派がよく言う「トランプ氏には大統領としての品格がない」といったステレオタイプの批判だ。

トランプ氏が「独裁者」などと言うつもりも毛頭ない。トランプ大統領は米国が持つ高度な民主主義の下で選ばれたのであり、彼を独裁者などと罵るのは極めて失礼だ。そもそも米大統領の権限は、私たちが想像している以上に議会に縛られている。トランプ氏が独裁を敷こうと思ってもできない。

その一方で、トランプ大統領が生まれたその背景には注目する必要があると思っている。トランプ大統領は、政治家や軍人としての経験が一切ないという意味で史上初の大統領だ。そういった人物を選んだ米国人は、まさに既存のエリートによる政治を拒否したのだろう。

この他にも、トランプ氏には過去の大統領にはない特異な点が少なくない。まず、独裁者に好感を示していることだ。トランプ氏は独裁者ではないが、これまでの発言から独裁者を称賛することになんのためらいも感じていない。むしろ、可能であればそうなりたいと思っているフシさえうかがえる。

もちろん、前述したように現状の制度ではトランプ氏は独裁者になろうとしてもなれない。そのせいか、意にそぐわない側近をいとも簡単に解雇し、合法的にある種の独裁を敷こうと思っている可能性もある。二〇一九年八月までに、トランプ政権では二五人もの政府の中枢を担っていた人物が去って行った。この数は、過去の政権と比較しても桁が違う。

特異な点はまだまだある。たとえば、トランプ氏が自身の属する共和党も含めて既存の政治を全否定して当選した点も過去にほとんど例がない。歴史を辿《たど》ると、過去にもトランプ氏のように自身が属する党を批判してのし上がった政治家もいたようだが、大統領にまでのぼり詰めたトランプ氏はスケールが違う。

共和党の協力をほとんど受けずに当選したため、トランプ氏は党の重鎮にも物怖じしない。実際、党派を通り越して高い評価を受けていた共和党の重鎮、故ジョン・マケインとあそこまで対立した人物は党内にかつて存在しなかった。同氏の葬儀にも参列を拒否したトランプ氏の姿は、同党に属する者としてはまさに異様である。

選挙中やトランプ氏が大統領に就任した当初こそ共和党内にも反トランプ派が複数いた。しかし、今ではそのほとんどが自身の政治的信条を捨ててまでトランプ氏を味方するようになっている。そのため、「共和党をトランプがぶっ壊した」というのが政治ジャーナリストの評価だ。

二〇一九年九月一六日付の米ウォールストリート・ジャーナルは、トランプ氏が共和党の方針を一八〇度転換させたとし、こう断言している――共和党がまた「『通常』の保守的スタンスに戻る可能性は低い」（米ウォールストリート・ジャーナル二〇一九年九月一六日付）。具体的には、トランプ大統領が誕生したことで外交政策がハト派に転換したことや、移民や通商、給付金制度（エンタイトルメント）など多くの重要課題について共和党のスタンスが逆に転じたと指摘する。

トランプ氏は、情報機関を信用しないことでも有名だ。CIA（中央情報局）が大統領のために開くブリーフィングにも基本的に参加しないという。情報機関を信用しない大きな理由の一つは、自身が取引できると考えている敵国をC

ＩＡなどが悪く言うためだ。たとえば、トランプ氏は北朝鮮の金正恩総書記と非核化を巡って取引できると信じているが、ＣＩＡは基本的に北朝鮮が非核化に応じることはないと認識している（さらに言うと、大統領が金正恩に騙される事態を極度に警戒している）。だからこそ、彼らの助言をほとんど聞かない。味方であるはずの情報機関を信用しない大統領など、米国の長い歴史の中でも初めてではないか。

既存のエスタブリッシュメント（支配階級）を責める姿勢は、なにも内政に限ったことではない。かつて、これだけ同盟国を軽視した大統領が存在したであろうか？　また、ＷＴＯ（世界貿易機関）や国連など元を辿《たど》れば米国自身が主導し築いてきたグローバルな枠組みにも、平然と異を唱えている。国連から真っ先に脱退するのが米国なのではないか、と勘ぐってしまうのは私だけではないはずだ。

極めつけは、貿易の交渉を安全保障と結びつけて競合国のみならず同盟国に対しても半ば脅迫的に譲歩を迫る姿勢である。私が生きてきた限り、このような手段を率先して使いたがる米国の大統領を見たことがない。

これは極めて大きな変化で、貿易エコノミストのチャド・ブラウン氏は外交専門誌フォーリン・アフェアーズでトランプ氏が鉄鋼、アルミニウム、自動車に対する関税や輸入数量割り当ての適用を正当化するために国家安全保障を持ち出したのは「米国が七五年間続けていた慣例との決別」だとし、こう記している――「『トランプ政権はこのところロシアと並んで、貿易障壁に対するWTOの一切の異議を押さえ込むには国家安全保障を唱えるだけで十分だと論じている』という」（米ウォールストリート・ジャーナル二〇一九年八月一五日付）。

トランプ氏は、文字通り米国を変えた。いや、トランプ氏がきっかけというよりトランプ氏の誕生は米国が変容してきたことの〝結果〟なのかもしれない。次項で示す各種のデータを見てもわかるように、現在の米国は私たち日本人が戦後長きにわたって慣れ親しんできた国から、相当変質してしまったようだ。その結果としての、〝最高破壊者〟の登場である。

そして困ったことに、破壊者はトランプ氏に限らない。冒頭の米ウォールストリート・ジャーナルが指摘したように、今、既存の政治を否定して支持を獲得している政治家が世界中のあちらこちらで増えている。「破壊者仲間の一部を挙げれば、（イギリスの：編集部注）ジョンソン氏に加え、インドのナレンドラ・モディ首相やハンガリーのビクトル・オルバン首相、パキスタンのイムラン・カーン首相、フランスのエマニュエル・マクロン大統領、スペインのペドロ・サンチェス首相、イタリアのマッテオ・サルビーニ副首相がいる」（米ウォールストリート・ジャーナル二〇一九年七月三〇日付）。

記事は重要な点を指摘しているので、もう少し引用しよう――「こうした破壊者に通底するのは共通のイデオロギーではない。彼らは伝統的な左右両派から出現している。大半はポピュリストやナショナリストだが、自身を反ポピュリストとみるフランスのマクロン大統領にはそうした分類が当てはまらない。むしろ破壊者に通底するのは、国民の不満や伝統的政治システムで認知される失敗に乗じる能力だ」（同前）。

〝破壊者登場〟のウラに大恐慌以来の所得格差か

ニュースを見ていればおわかりだと思うが、現在、世界のあちらこちらでエリートを中心とした既存の政治システムに「ノー」が突き付けられている。その確たる原因は不明だ。多くの研究者がその謎を解き明かそうとしているが、一致している見解もある。中間層が経済的に没落しているという点だ。

中でも新自由主義を推進してきた張本人である米英で所得格差が広がり、中間層の不満が拡大している。実際に主要国の所得格差を示すグローバル・ジニ・インデックスはこの数十年の間一貫して上昇しており、特に米英のそれは深刻なのだ。

米国のジニ係数（主に社会における所得分配の不平等さを測る指標。係数が取る範囲は〇～一で、係数の値が大きいほど集団における格差が大きい状態だとされる）は、二〇一六年時点で〇・三九とOECD加盟国ではメキシコ、チリ、トルコに次いで高い。ちなみに〇・四を超えると社会騒乱が多発するとされている。まさに、米国はその警戒ラインすれすれの状態なのだ。ＦＲＢ（米連邦準備制度理事会）によると、米国では富の八八％が上位二〇％の富裕層に集中し、この比率はリーマン・ショックから拡大している。

「世界一の大国でそんなまさか！」と思われるかもしれない。しかし、私は二〇一八年にカリフォルニア州ロサンゼルスに出向いた際、同地における所得格差のすさまじさを肌で感じた。大袈裟に思われるかもしれないが、ＬＡの中心地では一〇～二〇メートル歩くごとに浮浪者と遭遇する。ニューヨークも大して変わらない状況であった。米国の中では相対的に豊かな地域とされる両海岸でそういった状況である。相対的に貧しいとされる内陸部の状況はいかほどか。

データも米国の貧困層の増加を示している。たとえば、連邦政府のフードスタンプ（無料の食料クーポン）を受給している人の数は三九〇〇万人と二〇〇八年比で四〇％増加し、ニューヨークではホームレスの数が二〇〇九年比で七〇％も増えた。反面、前述したように富の集中が加速しており、超富裕層の数は増加の一途を辿《たど》っている。リーマン・ショックのあった二〇〇八年から資産一〇億ドル以上のいわゆるビリオネアの数は、二倍に増えた。

格差が拡大している背景には多くの原因が取り沙汰されているが、代表的なものは二つある。一つは金融政策で、もう一つはグローバル化だ。

金融政策が格差拡大に寄与しているとは直感的にわかりにくいかもしれないが、その理由は金融政策がもたらした「資産効果」にある。この点を英フィナンシャル・タイムズ（二〇一九年四月一五日付）が的確に説明しているのでみてみよう。「金融政策の限界を直視せよ」と題したその記事は、「金融政策はこの一〇年、実体経済よりも市場にばかりプラスに働く面が大きかった」（英フィナンシャル・タイムズ二〇一九年四月一五日付）と結論づけ、こう述べている。

「以下の数字を見てほしい。米国の時間当たりの実質賃金は一〇年の年初以降六％しか上昇していないが、実質的な不動産価格は二〇％以上、株式市場の時価総額（インフレ調整済み）は倍増した。家計所得は雇用が拡大したおかげで賃金より大きく伸び、一〇〜一七年に一〇％増えたが、資産価格の上昇には及ばない。一方、米国の格差拡大は〇七～一六年、過去最高を記録した」（同前）。記事が言うように、低金利政策や量的緩和政策をもってしても、所得格差などの構造的な問題を解決することはできない。むしろ、皮肉にも資産効果によって格差拡大を助長してしまっている。

歴史を振り返ると、大恐慌の前後も資産効果によって所得格差が深刻化した。それゆえ、有識者の中には現在の米国における格差が一九二〇～三〇年代のそれに匹敵するという者もいる。米国のジニ係数はバブルに沸いた一九二〇年代に急拡大し始め、一九三〇年代の前半には〇・五を突破した。さすがに現状はそこまでひどくないが、世界最大のヘッジファンド（運用総額一五〇〇億ドル）として知られる米ブリッジウォーター・アソシエイツのレイ・ダリオ氏は二〇一九年四月に発表した論文で、「米国の所得格差が国家存亡の危機をもたらしている」（米ロイター二〇一九年四月五日付）とまで断言している。ダリオ氏はかねてから、「私たちは一九三〇年代に非常に似た時代へ入ろうとしている」（米ブルームバーグ二〇一九年一〇月一八日付）と警鐘を鳴らしてきた。

これは余談だが、大恐慌の際の所得格差に関してある逸話が残っている。それはニューヨークの株価が暴落する前の一九二八年、そう、株価が現在と同じような熱を帯びていた時のことだ。その当時、コメディアンとして著名なチャーリー・チャップリンはニューヨークの街並みを見渡した際にある疑問を抱いたという。当時、「永遠の繁栄」と謳われていたのにも関わらず、街中で多くの失業者を見かけたことに不信を抱いたチャップリンは、周囲の反対を押し切って持ち株をすべて処分してしまった。この行為にチャップリンの友人であり著名音楽家のアーヴィング・バーリンが大激怒、「米国を空売りする気か！」と迫ったという。ところがチャップリンの嫌な予感は見事に的中し、時を置いてブラックサーズデー（大恐慌の原因となった株価暴落）が起こった。その翌日、バーリンはチャップリンの元を訪れて謝罪したという。

所得格差が深刻化する現在も、まさに壮大な恐慌の前に位置しているのかもしれない。

アメリカ　ジニ係数（1913～2009）

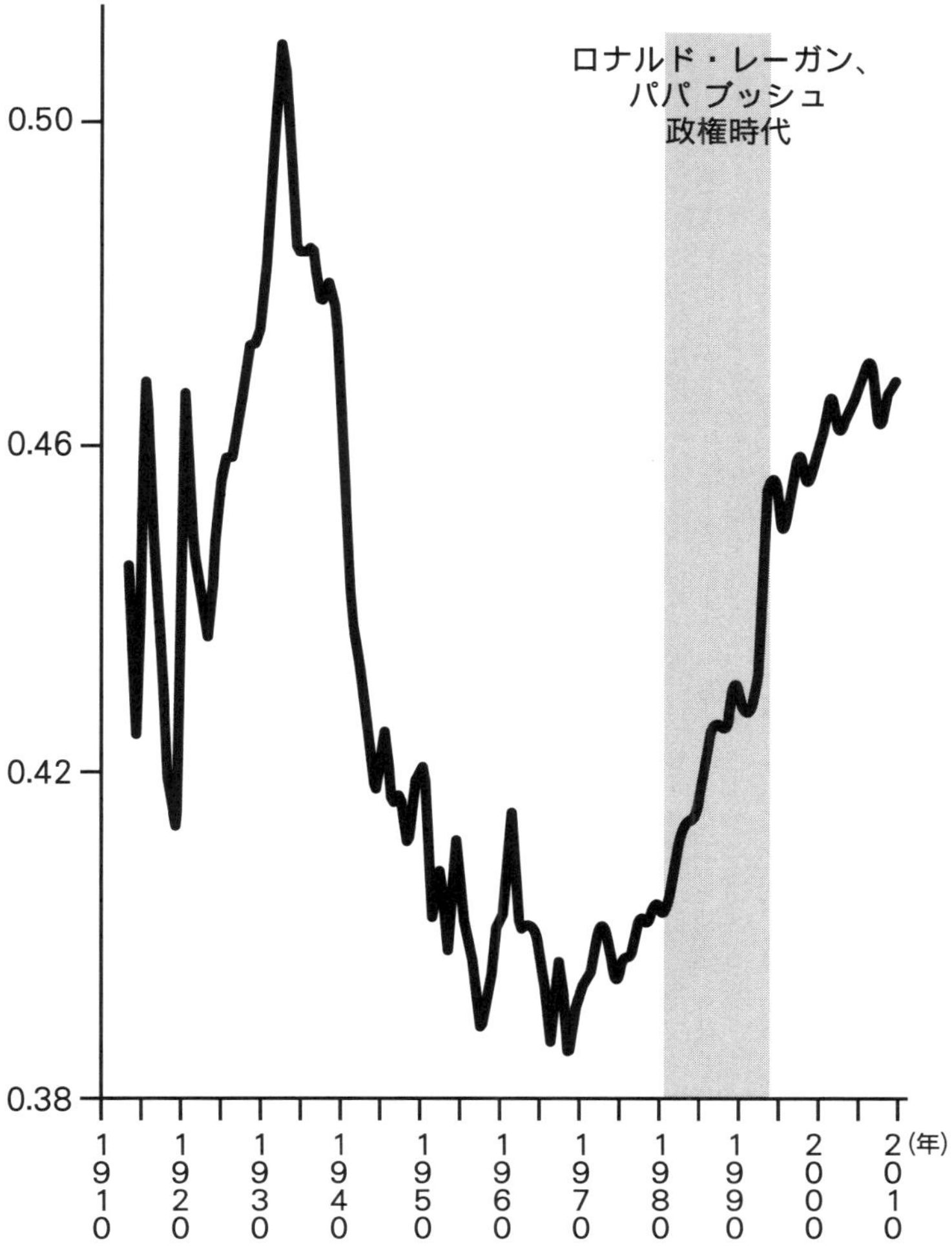

Olivier Berruyerのデータを基に作成

破壊者はグローバル化の申し子

米英のジニ係数のチャートを見ると、あることに気付く。一九八〇～九〇年代の間（グレーの部分）に係数が大きく上昇しているのだ。さて、この時代になにが起きたかというと、いわゆる「グローバル化」である。

「サッチャリズム」と「レーガノミクス」というフレーズを聞いたことがある人は少なくないはずだ。これは一九八〇年代に英国のマーガレット・サッチャー首相と米国のロナルド・レーガン大統領が両輪で推進した政策を指す。彼らが推進した政策は「新自由主義」という経済思想で、国家による福祉・公共サービスの縮小（小さな政府と民営化）、大幅な規制緩和、市場原理主義を重視するというものだ。この新自由主義を、二人は自国のみならずグローバルに適用させたのである。これが現在でも頻繁に使われる「グローバル化」の原点だ。

今でこそグローバル化の推進に対する評価は分かれているが、その当時は新

イギリス　ジニ係数（1961～2009）

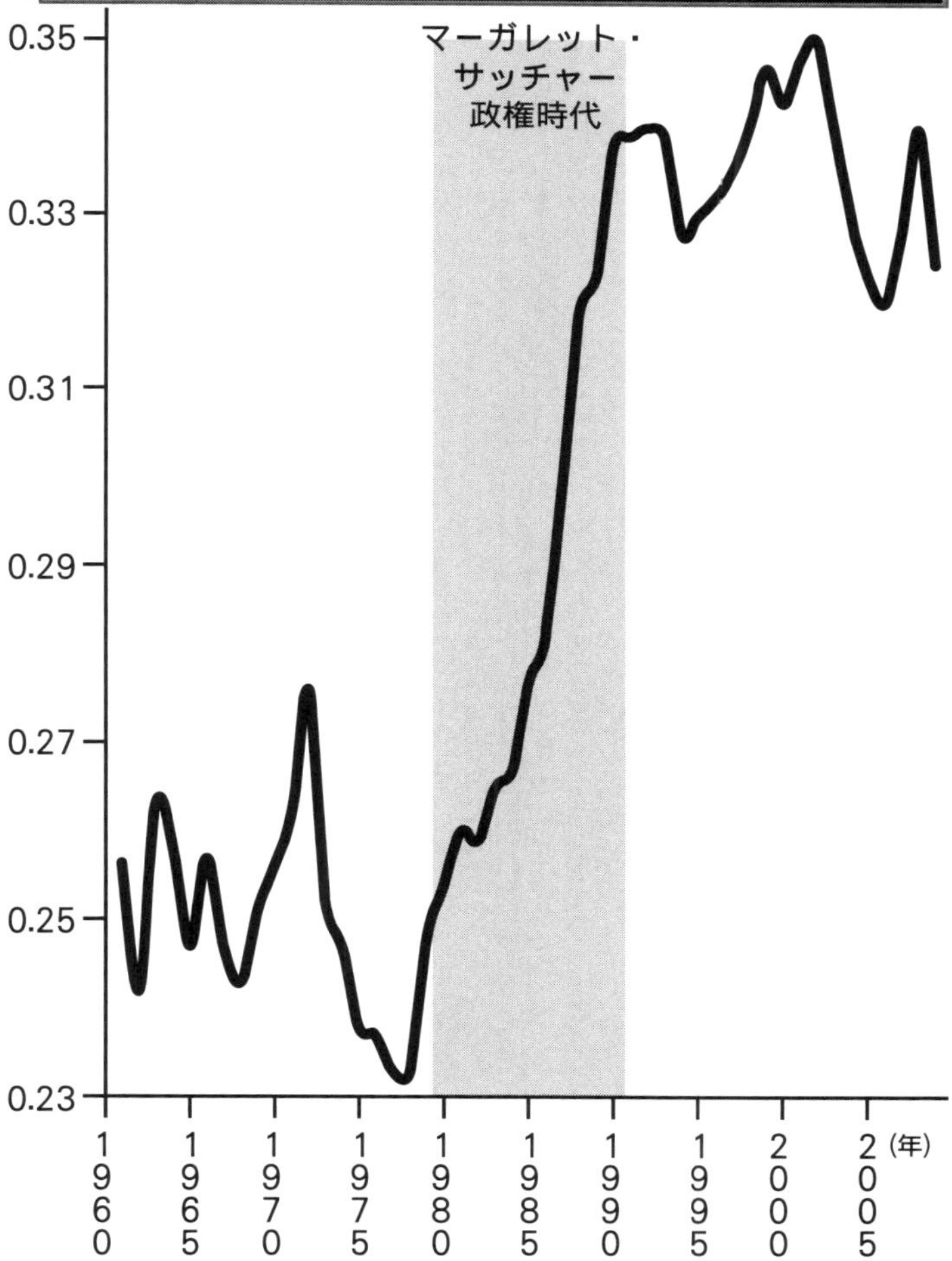

Olivier Berruyerのデータを基に作成

時代の幕開けだともてはやされたのである。内政面におけるサッチャリズムとレーガノミクスの評価も高く、現在でもイギリスでは一九七〇年代の英国病（長期不況）から救ったのはサッチャーだと評されているし、レーガノミクスも保守層を中心に評価が高い。

ただし、「トリクルダウン」（富裕層や企業への減税を通じて、結果的に庶民まで経済成長の恩恵が滴り落ちるという理論）に主眼を置いた両政策は、結果としてトリクルダウンをほとんど起こせなかった。むしろ米国経済はレーガノミクスをきっかけに双子の赤字（財政赤字と貿易赤字）の時代に突入してしまう。それでもサッチャーとレーガンへの評価が高いのは、おそらく経済面よりも外交面の成果が人々に印象づいているからであろう。

それはさておき、グローバル化はある面で成功したと言えるが、すべての成功はその内部に自壊の種をはらんでいるものであり、新自由主義の推進も厄介な問題を引き起こしたのであった。

それは資本の移動が自由化されたことによって起こった趨勢的な労働力の移

転である。簡単に言うと、「工場の海外移転」だ。この頃を境に、先進国の製造業は安い賃金を求めてアジアなどに進出するようになる。これは構造的な失業率の上昇を誘発し、実際に米国やイギリスなどでは一九八〇年代から一九九〇年代にかけて失業率が上昇に転じた。

かくして、「大収斂《しゅうれん》」という一大トレンドが始まったのである。

このトレンドは現在まで続いており、先進国における所得格差の〝元凶〟とされている。この「大収斂」とは、先進国と新興国の格差が縮小する現象をいう。国際貿易の研究で著名な国際高等問題研究所のリチャード・ボールドウィン教授は、その著書『世界経済　大いなる収斂』（日本経済新聞社刊）の中で移動コストの低下をキーワードにグローバリゼーションを語っているが、情報通信技術（ＩＣＴ）の進歩によりアイデアの移動コストが下がったために近年のグローバリゼーションが起こるきっかけとなったと述べている。つまり、世界中どこでも同じ労働が同じ賃金で提供されるのだ。その時の基準はもはや国単位ではない。そう、グローバル化の幕開けは先進国と新興国の大収斂の時代の始まりでもあったのだ。

ここから徐々に先進国の中間層の不満が蓄積されて行くことになる。しかもグローバル化に加えて中長期的な金利の低下トレンドによる資産効果によって、格差の拡大は時を追うごとに激しさを増して行った。過去一〇年の間に、米国の格差は過去最大レベルにまで達したとされる。

破壊者たちは〝そこ〟に目を付けた。本章冒頭の米ウォールストリート・ジャーナルは次のように指摘する――「破壊者の台頭は経済的グローバリゼーションに対する恐怖心に関係している。世界が一つの巨大な経済に溶け込みつつあるという考えは、激烈な勝者総取りの経済競争に投げ込まれたと恐れる労働者に警戒心を起こさせる。こうした競争では、曖昧な国境と大量の移民が経済的安全保障を消失させ、生活水準を押し下げている。新技術の出現は一段と恐怖心をあおり、多くの市民は変化について行けなければ、無防備のまま置き去りにされると不安を募らせている。トランプ氏はもちろん、こうした不安の波に乗って権力を握った」（米ウォールストリート・ジャーナル二〇一九年七月三〇日付)。

破壊者たちは、言ってしまうと〝グローバル化の申し子〟なのである。

破壊者は救世主にあらず。彼らはただただ秩序を破壊するだけ

確かにグローバル化はある意味で未曾有の豊かさをもたらしたが、そのグローバル化の恩恵を享受できなかった中間層の多くは、既存の政治を「エスタブリッシュメントによるエスタブリッシュメントのための政治」だと考えるようになった。だからこそ、トランプ氏のような過去の政治に捕らわれない人物に投票したのである。

そうした背景があるため、こうした人たちの支持を受けて当選した破壊者たちはエスタブリッシュメントの言うことを聞かない。たとえば、トランプ大統領に側近が「伝統的な同盟国との関係を考慮せよ」だとか、「国連など既存の枠組みを大事にせよ」などとアドバイスをしても聞く耳を持つわけがない。むし

ろ、彼らはそれらをぶっ壊すのが使命と思っているのだ。

ここで、大いなる疑問が浮かぶ。それは、「昨今の破壊者たちは経済的に没落しつつある中間層の救世主なのか」ということだ。

残念ながら答えは「ノー」だろう。むしろ混迷をさらに深める恐れが高い。おそらくほとんどの破壊者は解決策を示すものの、実際のところ具体案は持ち合わせていない。長けているのは、聴衆の扇動やエスタブリッシュメントを罵倒することだ。すなわち、社会の分断をあおりにあおっているだけである。

米外交官で元国務副長官のウィリアム・バーン氏は、本章冒頭の米ウォールストリート・ジャーナルで次のように警鐘を鳴らしている――「彼らは概して、社会の分断を癒すのではなくあおることを得意とするため、大半の人々が支持できる現状の代替策を打ち出すという課題は一層、あやふやになる。こうして深まるダメージは長引き、修復は極めて難しくなるかもしれない」（同前）。

こうした破壊者が、世界中で次々に登場している。彼らの多くは既存の政治システムを可能な限りぶち壊し、結局は特に代替案を示さないまま去って行くことになるはずだ。その先に待っているのは、もはや修復不可能な社会であり、これは下手をすると一九三〇年代のごとく戦争に辿《たど》り付く。破壊者たちはナショナリズムをあおり、ほぼ例外なく国際関係をゼロサムゲームと見なし、他者や他国の利益は自分たちの損失と考えるため政治でも外交でも容易には譲歩しない。こうしたぎすぎすした状態が長引けば長引くほど、戦争の恐れが出てくる。極めて危険な状態だ。

「歴史は繰り返さないが、韻を踏む」という言葉があるが、まさに私たちは一九三〇年代の轍《てつ》を踏むかもしれない。

「文明の衝突」をあおる破壊者

ニューヨークとワシントンで二〇〇一年九月一一日に発生した同時多発テロ事件から二〇年近くが経とうとしている。当時の国際政治の『対テロ戦争』を中心に結束すべきだという考え方は、もはや人々の関心を引かない。しかし、「9・11」でかき立てられたイスラム世界への疑念や憎悪は、時の流れとともに消え去ることはなかった。それどころか、『反イスラム』の動きは今や米国から欧州連合（EU）、中国、インドに至るまで世界主要国のほとんどに広がり、政治の中心的関心事項の一つになっている。そして、かつては穏健なイスラム教徒が多い国とみられていたトルコやインドネシア、パキスタンでは、ここにきて過激なイスラム主義が台頭している。まさにイスラム世界とそれ以外の世界は、互いに相手に対してますます不寛容になりつつある構図だ。そして政治家も、人々の恐怖心につけ込む手法に傾いている。

（英フィナンシャル・タイムズ二〇一九年二月一八日付）

フランシス・フクヤマ氏が『歴史の終わり』（一九八九年に発表された、人類の歴史は民主主義と市場経済の勝利によって進歩の終着点に到達したとする論文）を唱えてからおよそ五年後、国際政治学の権威、故サミュエル・ハンチン

トンは『文明の衝突』を記した。一九九六年のことである。

ハンチントンは冷戦が終わった世界では文明と文明の衝突こそが国際政治における主な対立軸となると予言し、「近代化とは必ずしも西欧化を意味していない。それどころか西欧の相対的な力を弱める。そして脱西欧化してそれぞれの文明が復活していく上で文明間の対立が起こる」とその著書の中で予言した。

ハンチントンの予言した未来は今、現実のものとなりつつある。前項まで述べてきた社会の分断は紛れもなく宗教や民族の分断にもおよんでおり、現状は本格的な文明の衝突の〝前段階〟に位置していると言ってよい。

特筆すべきは、英フィナンシャル・タイムズが指摘したように、イスラムと非イスラムによる対立だ。米国のトランプ大統領は「イスラム教徒の入国禁止」を訴え当選し、欧州ではとりわけフランスを中心にイスラム系によるテロ被害が相次いでいることから、イスラム排斥運動が各地で盛り上がりを見せている。

アジアも例外ではない。中国では、新疆ウイグル自治区において「再教育」と題したイスラム教徒への弾圧が常態化している。その対象者の数は一〇〇万人とも言われている。また、仏教国であるミャンマーでもイスラム教の少数民族ロヒンギャに対する弾圧が収まらない。これまでに七〇万人のロヒンギャが国外へと脱出した。

中国に続くアジアの雄とされるインドでも、イスラム教徒に対する実質的な排斥が起きている。同国のナレンドラ・モディ首相が率いるインド人民党（ＢＪＰ）が掲げる、いわゆる「ヒンドゥー至上主義」によってだ。ちなみにインドの人口分布では、イスラム教徒の一六％に対しヒンドゥー教徒が八割と圧倒している。

インド独立の父ガンジーはヒンドゥーとイスラムの融和を訴え続けたが、ヒンドゥー至上主義の歴史は古い。諸説あるが、一九四八年一月にガンジーを暗殺したとされる男は、ヒンドゥー至上主義を掲げる民族奉仕団（ＲＳＳ）に所属していた。インドで現与党の「ＢＪＰ」は、そのＲＳＳの政治部門に起源を持つとされる。ちなみに、現在のモディ首相はＲＳＳの運動家の出自だ。

そのモディ氏は、自身がグジャラート州の知事を務めていた二〇〇二年に起きた「グジャラート州暴動」（ヒンドゥー教徒によるイスラム教徒の大量虐殺。二〇〇〇～三〇〇〇人のイスラム教徒が虐殺されたと言われている）を実質的に放置したことで知られる。この事件は世界中から非難され、当時の米ブッシュ大統領はモディ氏へのビザ発給を停止するに至った。それでも、モディ氏の国内における人気は揺らがなかったのである。

インドでは独立以来、長きにわたって「国民会議派」（インド独立にもっとも貢献した伝統的な政党）が与党を担ってきた。しかし、時が経つにつれ腐敗などが目立つようになり、一九八〇年代後半から国民会議派の人気に陰りが出る。その隙を縫うにようにして台頭してきたのがＢＪＰだ。

ＢＪＰは、多数派のヒンドゥーに聞こえのよいイスラム敵視の運動を土台に支持を集め、一九九六年の総選挙では国民会議派を破ってついに第一党にまでのぼり詰める。それ以来、ＢＪＰは安定的に支持を獲得する存在となっており、現在のインド政治は事実上ＢＪＰと国民会議派による二大政党制となった。

二〇一四年からはずっとＢＪＰが与党に君臨しているが、その間ヒンドゥー至上主義は激化の一途を辿《たど》っている。なぜなら、ＢＪＰは支持率が下がりそうになるとすぐにヒンドゥー・ナショナリズム的な政策を打ち出すからだ。直近では二〇一九年八月、ＢＪＰは明らかに選挙対策の一環としてジャンムー・カシミール州の自治権を突如として剥奪している。

このカシミール地方とは、インドとパキスタン（それに中国）が長年にわたって領有権を巡り対立している場所だ。印パ両国がイギリスから分離独立した一九四七年八月の時点でカシミール地方の住民の大半はイスラム教徒であったため、カシミールはパキスタンに帰属すると考えられていたが、ヒンドゥー教徒であった当時のカシミール藩王は独立を希望。しかし、パキスタンからイスラム教徒が侵攻してきたため、急きょインドへの帰属を表明。インドに侵攻者への対応を求めた。これ以降、同地方は両国の火種となっている。

ＢＪＰの政策の大きな特徴の一つは、反パキスタンだ。反パキスタンのＢＪＰは、かねてから「強いインド」を掲げており、政権を担っていた一九九八年には核武装に成功している。ただし、これがパキスタンを大いに刺激し、パキスタンもすぐさま核保有を宣言した。

印パ両国の対立は当初こそカシミール地方の領有権争いの側面が濃かったが、現在ではより宗教戦争の様相を強めている。それはインドでヒンドゥー至上主義が台頭する一方、パキスタンでもイスラム原理主義が台頭したためだ。インドでヒンドゥー至上主義がよりポピュラーとなった一九九〇年代にパキスタンでは湾岸戦争の影響によってイスラム原理主義が台頭、その頃からパキスタンにとってインドは競合国という位置づけから宗教上の敵（ジハード）と認識されるようになっている。

パキスタンでは、状況は何十年も悪化し続けている。イスラム原理主義者らは「イスラム教を冒涜《ぼうとく》してはならない」という法律を武器に宗教的少数派や政敵への攻撃を強めている。パンジャブ州の元知事だったサルマン・タシール氏は、この冒涜法に反対だとの意見を表明したところ、二〇一一年に暗殺された。その犯人は、イスラム原理主義の間で英雄となった。イムラン・カーン現首相は、冒涜法を擁護する立場をとっている。

（英フィナンシャル・タイムズ二〇一九年二月一八日付）

率直に言って、宗教間の対立ほどタチの悪いものはない。なぜなら、歴史上の多くの戦争が宗教の対立に根差しているからだ。二〇〇八年のムンバイ同時多発テロ以降、印パ両国の宗教対立はより激しさを増しており、有識者の中には「核戦争の第一候補」と分析する者もいるほどだ。

こうした印パの宗教対立はあくまでも一例であり、今や世界のあちらこちらでハンチントンの言う「文明の衝突」が起きつつある。宗教ナショナリズムを利用して支持を獲得する指導者が確実に増えてきていることが原因の一端だ。

国民を扇動して権力を握った者は、容易に妥協ができない。もちろん誰もが戦争など望んでいないわけで、究極の衝突は回避され続けるだろうという楽観的な見通しもある。しかし、なんらかの偶発的な衝突が起こった際に国内世論を制御できなくなるリスクは高まっていると考えるべきだ。文明の衝突を扇動する破壊者の台頭は、確実に戦争をおびき寄せている。

最大の破壊者は「中国共産党」

「眠れる獅子を起こすな。中国が目を覚ませば世界を震撼させるだろう」——かの有名なフランスの皇帝ナポレオンはこういう言葉を残したとされるが、現代の賢人と称されたシンガポール建国の父リー・クアンユーはこの世を去る直前の二〇一三年にこう言い残した——「今後一〇年で中国は数倍、あるいはさらに速いスピードで米国や他の西側諸国を追い抜き、指導者たちは中国がアジア、ひいては世界ナンバーワンの強国となることを渇望している」。

米国のドナルド・トランプ大統領が西の最高破壊者なら、中国を率いる共産党は東の最高破壊者だ。個人というレベルではトランプ氏に敵う破壊者はいないかもしれないが、中国は国家レベルの破壊者と言える。

ここ最近の中国は、米国を中心とした国際秩序に平然と異を唱えており、将来的な覇権への野心を隠そうとしない。中国共産党は、国家百年之計に相当する長期的な計画を有している。その一つは、共産党の結党一〇〇年となる二〇二一年までに東アジアにおける覇権を確立することだ。

今後二〇年の世界情勢を占う上で、東アジアの重要度は増すばかりである。それは、そこに人口が集中するからだ。日本を除けばアジアでは人口の増加が続いており、二〇二五年にもなると世界の人口のおよそ三分の二がアジアで暮らしている、ということになる。

アジアの中でもとりわけ人口が集中するのは、中国が領有権を主張している南シナ海の沿岸部だ。これに対し、米国と欧州連合（ＥＵ）が世界の全人口に対する割合は合わせても一二％（米国五％、ＥＵ七％）に収まる。もちろん人口がすべてではないが、それでも人口の増加は経済成長の源泉となるだけにやはり重要だ。

日本のメディアからは、昨今の貿易戦争で「米国が中国を叩き潰す」などと威勢のよい論調も聞こえてくるが、まったくもって楽観できない。確かに最近の米国では党派を超えて「中国潰し」がコンセンサスとなっており、米中貿易戦争は少なくとも向こう一〇年は終わりそうにない。時を追うごとに争いが激化することも容易に想像できる。もちろん、日本人からすると貿易戦争によって競合国の中国が破綻してくれた方が率直に嬉しい。

しかしながら、米国が中国を叩けるという保証はなく、結論からすると、内需が発達した現在の中国が簡単に破綻することはないだろう（どちらかというと同国が抱える莫大な債務の方がよほど問題だ）。

また、東南アジア諸国は概して中国の崩壊など望んでいない。とりわけ台湾、韓国、マレーシア、シンガポール、タイなどは貿易面で対中依存が深化してしまっており、中国経済の成長から多大な恩恵を受ける立場となっている。

日本人からすると、「中国は世界の嫌われ者だから、東南アジア諸国も盲目的に中国を嫌っている」というイメージがあるかもしれない。ところが、実態はそうでもない。アジア諸国は私たちが思っている以上に現実主義なのだ。

もちろん彼らは一様に中国の野心には警戒しているが、一方で米国を全面的に信用しているかというと、それもそうでもない。むしろ最近では、西の最高破壊者であるトランプ大統領の、時に見せる同盟関係をもないがしろにするような「アメリカファースト」の姿勢に疑念の眼差しを向けている。

二〇一九年八月九日付の英フィナンシャル・タイムズは「崩れ始めたキッシンジャーの東アジア秩序」と題した論説で、参考になる分析を寄せたので引用したい。

東アジア諸国は過去四〇年間、これまでにない成長と繁栄の時代を享受してきた。その繁栄は世界経済の姿をも変えてきた。だが、アジアが奇跡的な経済成長を果たせたのは、この地域が平和で安定していたおかげだ。そうした条件は、一九七〇年代半ばにベトナム戦争が終結し、米国と中国の関係が改善したことで築かれてきた。

以来、米国は中国の台頭を許すだけでなく、その後押しさえしてきた。中国はその見返りとして、アジア太平洋地域で米国が圧倒的な軍事パワーとして存在感を維持し続けることを暗黙のうちに受け入れてきた。この体制は、東アジアの「キッシンジャー秩序」と呼べるだろう。七〇年代前半に新たな米中関係の構築に尽力したのは当時の米国務長官ヘンリー・キッシンジャー氏だったからだ。

しかし、中国の習近平《シー・ジンピン》国家主席も、米国のトランプ大統領も、キッシンジャー秩序の基本的要素を拒絶した。トランプ氏は貿易戦争を仕掛けたことで、米中は互恵的関係にあるという考え方を破棄した。習氏は、米国が戦略的に築いてきた覇権的地位に挑戦し始めた。

中国が米国の覇権に挑戦状を突き付けた結果、アジアで米国がどれほど覇権を維持できるのかが問われるようになった。トランプ氏はこの問題について安心材料を与えるどころか、米国の日本や韓国との同盟関係にどれほどの価値があるのかという疑問を公的な場で呈することで、覇権国としての米国の今後に対する不安を高めている。アジアのある国の外相は最近、「トランプ氏がもたらした打撃は、彼が大統領を退任した後も残るだろう」と筆者に語った。

（英フィナンシャル・タイムズ二〇一九年八月九日付）

米国は、第二次世界大戦後、国際連合、WTO（世界貿易機関）、国際通貨基金（IMF）、世界銀行、日米同盟、北大西洋条約機構（NATO）などの国際的な枠組みを主導して構築し、アジアのみならず世界の秩序の安定に大きく寄与してきた。しかし今、それらを担ってきた米国が、自らそれを破壊しようとしている。

その間隙を突こうとしているのが、中国だ。現在の中国には国際秩序を担うハード・パワー（軍事力など強制力を伴うもの）もなければ、ソフト・パワー（経済や文化のような強制力を伴わないもの）もない。中国の力は米国にまだまだおよばないが、それでも米国にとって中国は建国史上で最大の敵だ。

現時点で中国のGDP（国内総生産）は米国の六割で、これが二〇二五年には米国に追い付く。太平洋戦争が始まった一九四一年において、日本のＧＤＰは米国の一九％でしかなく、ドイツのＧＤＰも米国の二四％ほどであった。また、冷戦時のソ連でさえもＧＤＰは米国の四割程度である。これらを見ても中国はかなり手強い。

もちろん、中国共産党も今すぐに世界的な覇権を握れるとは思っていないはずだ。だからこそ、まずは東アジアに限定して覇権を握りたいと考えているのだろう。中国が今までに構築した代表的な地域の枠組みには、上海協力機構（ＳＣＯ）、アジアインフラ投資銀行（ＡＩＩＢ）、一帯一路（ＯＢＯＲ）などがある。これはあくまでもアジアの秩序を担うために構築された枠組みだ。

西側の世界の住民からすると、中国主導の枠組みなど誰が参加したがるのかと訝《いぶか》しがるのが普通だが、現実主義に徹するアジア諸国の多くがこれらの枠組みに参加している。ちなみに、二〇一九年八月時点で一帯一路には一三六ヵ国が参加を表明済みだ。

また、日米が主導するインド太平洋連合（中国との力の均衡を目的とした地域連合）に参画するインドは、意外にもアジア・ユーラシアの準軍事同盟とも囁かれている上海協力機構にも参加している。これが意味するところは、結局はインドも他のアジア諸国と同じく全方位外交に徹している、ということだ。それゆえ、仮に米中が武力衝突しても結果的にインドは中立の立場を貫くと指摘する有識者は多い。

中国は米国との貿易戦を長征（持久戦）で凌ぐ構えであり、その間に米国が関与してきたことで安定してきた東アジアの秩序が揺らぐことを期待している。そして、米国のトランプ大統領がそれに気付かない限り時間が経つにつれ東アジア情勢は中国有利に傾く可能性が高い。

米国に本社を構える世界最大の政治リスク専門コンサルティング会社ユーラシア・グループの専務理事、ロバート・カプラン氏は外交誌フォーリン・ポリシー（二〇一九年九月一日付）への寄稿でこう指摘している――「トランプはアジア全体へのビジョンを明確にせずに、アジア各国に対して個別にゼロサムゲーム的な二国間主義の交渉を行う政策を選び、アメリカの同盟国同士を敵対させかねないパンドラの箱を開けてしまった。こうなると最後に勝つのは中国だ」（米ニューズウィーク二〇一九年九月一日付）。

西の最高破壊者であるトランプ氏が、貿易戦争では中国を叩く反面、より総体的で将来的な東アジアの秩序といった点ではある意味で中国に加担してしまっているということを、私たち日本人は強く認識する必要がある。

過去五〇年で、今こそ同盟国が団結しなければならない重要な時期はなかった。しかし、米国を中心とした戦後秩序「パクス・アメリカーナ」はいよいよ壊れようとしている。ひとたび壊れたら、修復は容易ではないだろう（というより、不可能かもしれない）。

こんな未来を、今から七〇年も前に予言していた人物がいる。国際政治学者のニコラス・スパイクマン氏だ。オランダ系米国人である同氏は地政学の権威であり、「リムランド理論」の提唱者として知られる。

そのスパイクマン氏は日米が開戦に至った真珠湾攻撃（一九四一年）の翌年、次のような驚くべき予言を発した。

パワーの潜在性ということで考えれば、中国のほうが日本よりもはるかにあるのであり、敗北したユーラシア大陸の沖合の小さな島にある日本の立場は、かなりの困難に直面することになる。（略）近代化と軍事化を果たした四億人（当時の人口）の中国は、日本にとってだけでなく、アジアの地中海（編集部注：南シナ海の意）に権益を持つアメリカにとっても脅威となる。中国はその地中海の沿岸部から内海までの広範囲を支配する大陸サイズの国家となり、カリブ海におけるアメリカの地位と同じような立場になるのだ。中国が経済的に強力になれば、その政治的影響力も同じように大きくなる。そしてこの海域が、イギリス、アメリカ、そして日本のシーパワーではなく、中国のエアパワーによって支配されるようになる日が来ることを予測することさえ可能なのだ。

（文春オンライン二〇一七年三月七日付）

おそらく中国は、今世紀で最大の破壊者となる。

破壊者たちが世界をズタズタにする

イギリスのマーガレット・サッチャー首相（当時）は、フランシス・フクヤマ氏の『歴史の終わり』を読んだ際にこう漏らしたという――「まったく感銘を受けなかった」。折しも共産主義のソ連が崩壊している最中である。サッチャー氏は浮かれる西側世界をよそに側近にこう語った――「民主主義が勝ったと思い込んではいけないし、だからもうなにもしなくていいと考えてはならない」。

サッチャー氏は正しかった。ソ連の崩壊した一九九〇年代こそ民主主義が広がりを見せたが、その流れはすぐさま反転してしまう。二〇〇〇～一五年の間に二七ヵ国で民主主義が崩壊した。

米国の人権団体「フリーダム・ハウス」によると、とりわけ米国でサブプライム・バブルが崩壊した二〇〇七年頃から世界中で民主主義の後退と言える事態が進行している。これは、四〇年ぶりの事態だそうだ。

同団体によると、冷戦時の一九七四年頃には世界全体に占める民主主義国家の割合はおよそ三〇％程度しかなかった。それが、一九七〇年代半ば頃からラテンアメリカや南欧（スペイン・ポルトガル・ギリシャ）、一九八〇年代には東アジア（韓国・台湾など）、一九八〇年代末から東欧や旧ソ連諸国、アフリカなどが民主化したことによって、冷戦の終結後は民主主義国家が世界の半数を占めるに至る。

しかし、今世紀になるとその流れが逆転、二〇一八年時点では世界の四五％の国家が依然として自由を享受しているものの、残りの五五％が「独裁であったり、形だけが民主主義の国々」だ。この状況についてフリーダム・ハウスは、「世界の自由と民主主義は、冷戦終結後、最も深刻な状況にある」と指摘する。原因については「これまで経済的に繁栄してきた欧米で、経済格差の広がりから、市民レベルで自由や民主主義の意義を実感しにくくなっていることがあるのではないか」とし、また「中国の成長モデルに影響を受ける形で、新興国の政治指導者を中心に強権化のもとでの安定や経済成長を優先する意識の広がりがあるのではないか」（ＮＨＫホームページ二〇一八年二月二日付）と分析した。

やはり、政治の面でも中国は最大の破壊者なのかもしれない。すべてが中国からの影響とは限らないが、事実、昨今の政治の現場ではオートクラシー化（独裁化）が顕著となっている。その最大の理由として考えられるのが、フリーダム・ハウスも指摘する「経済の疲弊」だ。

一九九〇年代は世界で民主化が花開いた時期でもあるが、前述したようにグローバル時代の始まりでもあったのである。主要国のジニ係数をまとめた「グローバル・ジニ・インデックス」は同時期を境として上昇に転じており、おそらく少なくない数の人々は、自由を得たもののグローバル化の経済的な恩恵に授かれなかった。

だからこそ、「強いリーダー」を望む国民が増えたとも分析できる。また、多くの国民は経済成長の低迷は民主主義におけるビトクラシー（権力が分散して政府が重要な決定をできない状態）に起因していると考え、強権的な政治家の登場を望むようになった。ロシアのウラジミール・プーチン大統領、トルコのレジェップ・タイイップ・エルドアン大統領、フィリピンのロドリゴ・ドゥテルテ大統領、エジプトのアブデル・ファタハ・アル・シシ大統領などはその典型例と言ってよい。

ちなみにオートクラシーの正式な意味は「民主主義の原則に従った国を独裁傾向の政治幹部が統治するようになる」ことで、最大の特徴は自由の抑圧、メディアの監視と制限、そして反対派の弾圧にある。上記の指導者に通じる部分だ。

誠に恐ろしいことに、彼らの統治手法は国民から一定の支持を受けている。おそらく彼らを支持する人々は変化を欲しており、それを阻害するビトクラシーよりもオートクラシーを望んでいるのだ。これは怖い傾向であり、民主主義によって国民の負託を受けた独裁的な指導者が増えている現状は、まさに第二次世界大戦前を彷彿とさせる。

おそらく、エスタブリッシュメントを批判することで支持を獲得した破壊者のほとんどは、社会の停滞を打破するような解決策を持ち合わせていない。既存の秩序を壊すだけ壊し、あとは知らんぷりという具合に政治の世界から颯爽と退場して行くのだろう。

そこに待ち受けているのは、修復不可能なほどにまで分断された社会であり、下手をすると戦争だ。私たちは今、そんな時代を生きている。

第五章

すべての通貨が紙キレに⁉

——ドルも円も安全ではない

私は常に、投資で成功したければ哲学や歴史を学ぶべきだと言ってきました。
いつの時代も根本的な部分で世界には何も新しいことなど起こっていません。
過去に成功しえなかった政策というものは、
時をおいてもうまく行ったためしがないのです

（ジム・ロジャーズ）

今の紙幣は、材質の紙そのもの

今のお金のシステムは、よく考えてみると不思議である。目に見えるお金の形には紙幣と硬貨の二種類あるが、まとまった金額をやり取りする時には紙幣が使われる。この紙幣、材質はもちろん紙である。特殊な印刷や加工を施しているためコストはかかっているが、それでも一枚当たり二二～二四円程度である。つまり、二二～二四円のコストをかけると一万円札ができてしまうのだ。

そして、さらに手で触ることができないお金の形が存在する。電子空間や帳簿上のお金で、単に数字で表示されているものである。これに至っては、コストがゼロである。

以前のお金の形は金貨や銀貨などで、それをやり取りしていた。それが金貨や銀貨の直接やり取りではなく、兌換紙幣のやり取りに代わって行く。また、今よりも電子空間や帳簿上でのやり取りが圧倒的に少ない時代のお話である。

兌換紙幣とは、元々の金貨や銀貨を本位貨幣として、それらに一定の割合で交換できるようにした紙幣のことである。日本は明治時代になるとこの兌換紙幣を使い始め、当時、世界の先進国ではほぼこの兌換紙幣が使われていた。兌換紙幣が使われてしばらくすると、銀貨ではなく金貨による裏付けが主流となり、これが「金《きん》本位制」と呼ばれた。この金《きん》（ゴールド）の裏付けがなくなったものが「不換紙幣」と呼ばれるもので、今日の日本の紙幣の形である。

日本が事実上この不換紙幣の形にしたのは一九三一年のことで、当時の犬養毅内閣が金《きん》の輸出を禁止したことによる。それに遅れて一九四二年、日本銀行法制定により金《きん》の裏付けのない不換紙幣が発行できるように制度化したのである。ただ、その頃はまだ他の先進国で金《きん》に交換することが可能な兌換紙幣を使っている国があり、世界全体でみると紙幣の信用の裏付けには確かに金《きん》の存在があった。

それが一九七一年八月ニクソン・ショックによって、金《きん》と米ドルの兌換が停止される。その後、改めて新しい割合で金《きん》と米ドルの兌換がなされようとしていたが、最終的にアメリカも兌換を放棄し、一九七八年国際通貨基金（ＩＭＦ）の協定発効により先進国の紙幣はすべて不換紙幣となり、金《きん》の裏付けがなくなった。そして、その形が現在まで続いている。

今のような不換紙幣は金《きん》の裏付けがなく、それ自体は材質の紙そのものである。それが一万円や五〇〇〇円といった価値で使われているわけで、それを可能にしているのは各国の中央銀行の信用である。中央銀行は〝通貨の番人〟と呼ばれたりする通り、金融政策を通じてその通貨価値の安定、物価の安定に対して責任を負っている。今のような不換紙幣は金《きん》の裏付けが必要ないわけで、しかも最初に見た通りコストも安く、無尽蔵に発行することができる。

ただ、だからといって乱発し、通貨の価値を落とすことがないように中央銀行が監視する機能を担っているわけだ。

そして、ここが重要なところだが、それを可能にするために中央銀行は金融に関して独自の判断をする必要があり、政府から独立した存在であることが求められる。政府の言いなりで金融政策を決めたり、果ては政府から言われるままに紙幣を刷ったりしたのでは、通貨価値を保つことは決してできない。

ところが現状はどうか。日本ではアベノミクスが開始された時、日銀による大規模な量的緩和が話題になった。世界を驚かせたいわゆる〝黒田バズーカ〟である。これはどう見ても政府と日銀が足並みを揃えたわけで、それまでの日銀の態度からすると政府に屈する形となった。

また最近では、アメリカのトランプ大統領によるＦＲＢに対する金融政策への干渉がことさらひどい。トランプ大統領のツイッターを見ると、ことあるごとに「金利を下げろ」とＦＲＢに迫っている。もはや、世界中で中央銀行の独立性は保たれておらず、その結果、世界中にドルやユーロ、日本円などお金がジャブジャブと溢れ出ている。しかも、この状態に歯止めがかかる様子はまったくない。

通貨の番人がその管理を怠った時、紙幣は信用を失い、材質であるただの紙に戻る。それは、歴史が証明している。大量に発行され過ぎた紙幣が、単なる紙キレ同然になり下がった例は、意外と少なくないのだ。

あらゆる紙幣が紙キレに

これから紙幣が紙キレになった実例をいくつか紹介するが、まず取り上げるのは世界で初めての紙幣の話である。

世界で初めての紙幣は、今から約一〇〇〇年前の中国、宋の時代に作られた「交子《こうし》」と言われている（実際には材質は銅板など）。交子は、もともとは商人が私的にやり取りしていた約束手形であった。当時の中国のお金は銅を元に作られた銅銭であったが、銅が不足する地域ではそれより価値が落ちる鉄銭が使われた。ただ、鉄銭の持ち運びなどの不便さから約束手形が使われるようになり、その便利さから一〇二三年に発行が官営に移り、交子が中国の公的な紙幣として使われるようになった。

ちなみに当時の銅銭や鉄銭は「宋銭」と呼ばれ、日本にも入り流通している。その宋銭に目を付け積極的に輸入したのは、少し後になるが時の権力者であった平清盛である。「平家にあらずんば人にあらず」の言葉に代表されるほど平氏が権力をわがものにしていた時代だったが、その財政基盤を支えたのが実は宋銭である。

さて交子であるが、その便利さや軍費調達の理由から乱発されて行った。しばらくは本来のお金である銅銭に兌換できたが、官営になってから八〇年ほど経つと当初発行の二〇倍以上の規模にまで膨れ上がった。その頃にはさすがに兌換が停止され、交子は不換紙幣となった。こうなると、乱発は止まらなかった。銅の裏付けなく勝手に発行できるわけで、交子の価値は急落し、ついに交子の流通は完全にストップした。国民が紙幣として認めなくなったわけだ。

その後、交子は、「銭引」と改称したが、それも乱発によって使用停止に、次に発行された紙幣である「会子」も同じ運命を辿《たど》った。

世界で初めての紙幣は、このように紙キレになったわけだが、これ以外にも世界中であらゆる紙幣が紙キレになっている。というよりも、今使われていない紙幣は一部ではしっかり価値が引き継がれているが、それ以外の大多数の紙幣はどこかの時点で紙キレになっているのである。かつての日本円もそうだ。

一九四六年二月一六日の土曜日、日本は戦後のインフレーションを収める目的もあり、新円切換を発表した。発表翌日より預金封鎖を行なうと同時に旧札の使用期限を同年の一九四六年三月三日までとし、それ以降の使用を禁じたのである。国民は保有している紙幣を新札にするため、仕方なく銀行預金にした。銀行に入れた紙幣は新札へ切り換えられたわけで、一見すると価値をそのまま受け継いでいるように映る。しかし、実際には戦後の激しいインフレによって、それまでの円はほとんど価値を失ったのである。

これは今から七〇年以上も前の過去の例だが、世界中を見渡すと今まさに紙幣が紙キレになっている国がある。南米のベネズエラだ。

道端に散乱する紙幣

ベネズエラが混乱に陥った要因は、ひとえに原油価格の暴落に尽きる。ベネズエラがマドゥロ政権になった二〇一三年四月からの一年間は、原油は一バレル＝一〇〇ドル程度の高水準で推移した。それが二〇一四年秋以降、原油相場は一気に崩れ、二〇一五年一月に四〇ドル台を付け、さらに二〇一六年一月に三〇ドル台まで割るという、とんでもない暴落を経験した。これによって、原油に依存していたベネズエラ経済は完膚なきまでに破壊された。その後は原油価格についてはある程度戻しているのだが、ベネズエラ経済がつられて戻すことはなかった。

ベネズエラでは食糧不足、モノ不足が悪化の一途を辿《たど》り、国の財政赤字も拡大して行った。そしてハイパーインフレに火が点《つ》き、物価がみるみるうちに上がって行った。インフレ率は瞬く間に一〇〇%、一〇〇〇%、一万%と上昇し、ベネズエラ議会が発表した二〇一八年一二月のインフレ率は一六九万八四八八%になっている。これは、物価が一年間で約一万七〇〇〇倍になったということで、公式発表でこれだから実際にはもっと倍率は高かったはずだ。

これほどまでに物価が上昇すると、紙幣はもはや紙キレ同然である。そして、そのインフレ対策のためのデノミを二〇一八年八月に突然行ない、それまでの「ボリバル」を一〇〇〇〇〇分の一に切り下げ、新しい紙幣「ボリバルソベラノ」を発行した。こうなると、名実共に紙幣は紙キレになった。

それまで使われていた紙幣にはなんの価値もなく、国民は旧紙幣をゴミ扱いしだした。実は、それまでもインフレによってほぼ紙キレになった紙幣を使ってベネズエラ国民は、紙幣で〝手作りバッグ〟を作ったりしていたが、いよいよ無価値になると今度は道路に捨てる人まで出た。当然、その紙幣を拾う人はいない。もはや、なんの役にも立たない旧紙幣とはいっても、道路にバラ撒かれた紙幣の中を国民が歩く姿は、なんとも異様な光景であった。

紙キレと化した紙幣の扱いは、どこも同じである。かつて誰もがありがたがって使っていた紙幣の威厳は、まったくなくなる。第一次世界大戦後ハイパーインフレに陥ったドイツもそうだ。道端にお札が大量に捨ててあり、それをほうきで掃除をする人がいる。また、束ねたブロックのようなサイズの紙幣を積み木代わりに遊ぶ子供たち、薪などの燃料を調達するよりも安く付くため紙幣を燃料替わりに暖を取る姿など、いずれも半世紀以上も遠い昔のことと片付けるわけには行かない。実際に、同じようなことが今でも起きているのだ。

そして、日本円も絶対にそうならないとは言えない。むしろ、人類史上類を見ないほどの額の借金を抱えた日本国が辿《たど》るのは、まさに今のベネズエラや第一次世界大戦後のドイツのような道かもしれない。それどころか、ひょっとすると今度は日本円だけではなく、米ドルやユーロなどの先進国通貨を巻き込んで、世界規模で紙幣が紙キレになる可能性も完全には否定できないのである。

世界は、恐慌経由ハイパーインフレへ

目先、注意すべきは恐慌である。それも世界規模で起きる恐慌で、単なる質の悪いデフレという言葉で片付けることはできないほどのものだ。二〇〇八年の金融危機よりもはるかにひどく、一九三〇年代の世界大恐慌に匹敵する規模のものに備える必要がある。株価が急落し、失業者が街に溢れる。それまで世

界中でバブルのように沸いていた景気が崩れ、特に高級品はかなり値下げをするにも関わらず、それでも売れなくなる。このような恐慌である。

そして、それがある時から世界規模でのハイパーインフレに変化する可能性がある。矛盾するようだが、恐慌により発生するデフレ経由のハイパーインフレである。

なぜそのようなことになるのか、実はあまり気付いている人はいないが、二〇〇八年の金融危機により、世界は大恐慌の一歩手前、資本主義が終わる寸前にまでなった。それをなんとか各国中央銀行が必死に食い止めたのだ。その時、食い止めるためにできることはすべて行なった。特に、危機の発生源であったアメリカやそのあおりをもろに食らった欧州はもちろん、それ以外の日本を含む先進国の中央銀行は、足並みを揃えて力の限りを尽くした。政策金利をゼロ近辺にまで下げ、資金を大量に供給した。

その結果が今のバブルを引き起こしているわけだが、少なくとも二〇〇八年より前の世界とはがらりと様相が変わっており、今の世界は意外と盤石ではない。政策金利はマイナスを厭《いと》わないほど極端に下げ、資金を大量に供給することでなんとか強気の相場を演出しているだけなのである。

このような状態では、次の巨大な危機にあの手この手で対応することはもはやできない。できることはたった一つ、これまで以上の資金供給を行なうことぐらいなのである。

今は大量の資金供給によって世界的なバブルが発生している。それが崩壊して恐慌に陥った時に、各国中央銀行は今以上に資金供給を行ない、支えようとするわけだ。世界は繋がっているので、一部の国だけがどこ吹く風の日和見主義を貫くことはできないだろう。すると、先進国のあらゆるお金が市場に溢れるほど出回ることになり、世界中で今度はハイパーインフレが発生する可能性があるのだ。

米ドルやユーロ、円もポンドもすべての通貨が紙キレになることは、決して絵空事と言い切ることはできない。

良性のインフレと悪性のインフレ（ハイパーインフレ）

インフレは、実は意外と身近にあるもので、なにも恐れるものではない。今日まで世界経済は成長を続けており、大きな視点から見ると世界はこれまでインフレに包まれていたのだ。それは日本も例外ではない。一九九〇年のバブル崩壊後、失われた一〇年、二〇年と呼ばれると共にいつしかデフレというフレーズが日本全国に蔓延し、モノの値段が上がるどころか下がっていた。だから、最近はあまりインフレを感じる機会が少なかったかもしれない。

ただ、第二次世界大戦後の長期で見ると、日本は間違いなくインフレになっている。円の価値が下がり、モノの値段が上がっているのである。それは、実際に商品をいくつか見れば明らかである。総務省統計局の「小売物価統計調査」に一九五〇〜二〇一〇年の約六〇年間にわたるデータがある、二九〇品目のデータがあるので、気になる方は覗いてみると面白いだろう。

データが一九五〇年から揃っていないものも多数あり、データの単位や種類が年によって異なるので単純に比較するのは困難だが、それでもありとあらゆるものの値段が、軒並み上がっている。

たとえば、私たちが生きて行く上でもっとも必要とされる水を見ると、水道料の基本料金が一九五〇年に六・五円だったのに対して、二〇一〇年に九〇三円と一三九倍にもなっている。また、学費などもすべて上昇しており、たとえば国立大学の授業料は一年あたり一九五〇年で三六〇〇円だったのが、二〇一〇年には五三万五八〇〇円と一四九倍になっている。

ここで、物価上昇の推移を確認するために、日本人に馴染み深いお米の値段を例に挙げて動きをみてみよう。一九五〇年のお米の値段は五キロで四九五円である。それが一九六〇年代の前半まで七〇〇円に届かない域で上下行ったりきたりしているが、一九六六年に七三〇円を付けると次第に上昇し、一九七三年のオイルショックの年に一〇三五円と初めて四桁の大台に乗せ、価格も当初から二倍にまでなった。その後、徐々に上昇を続け、ピークの一九九四年、三

米（5kg）価格の推移

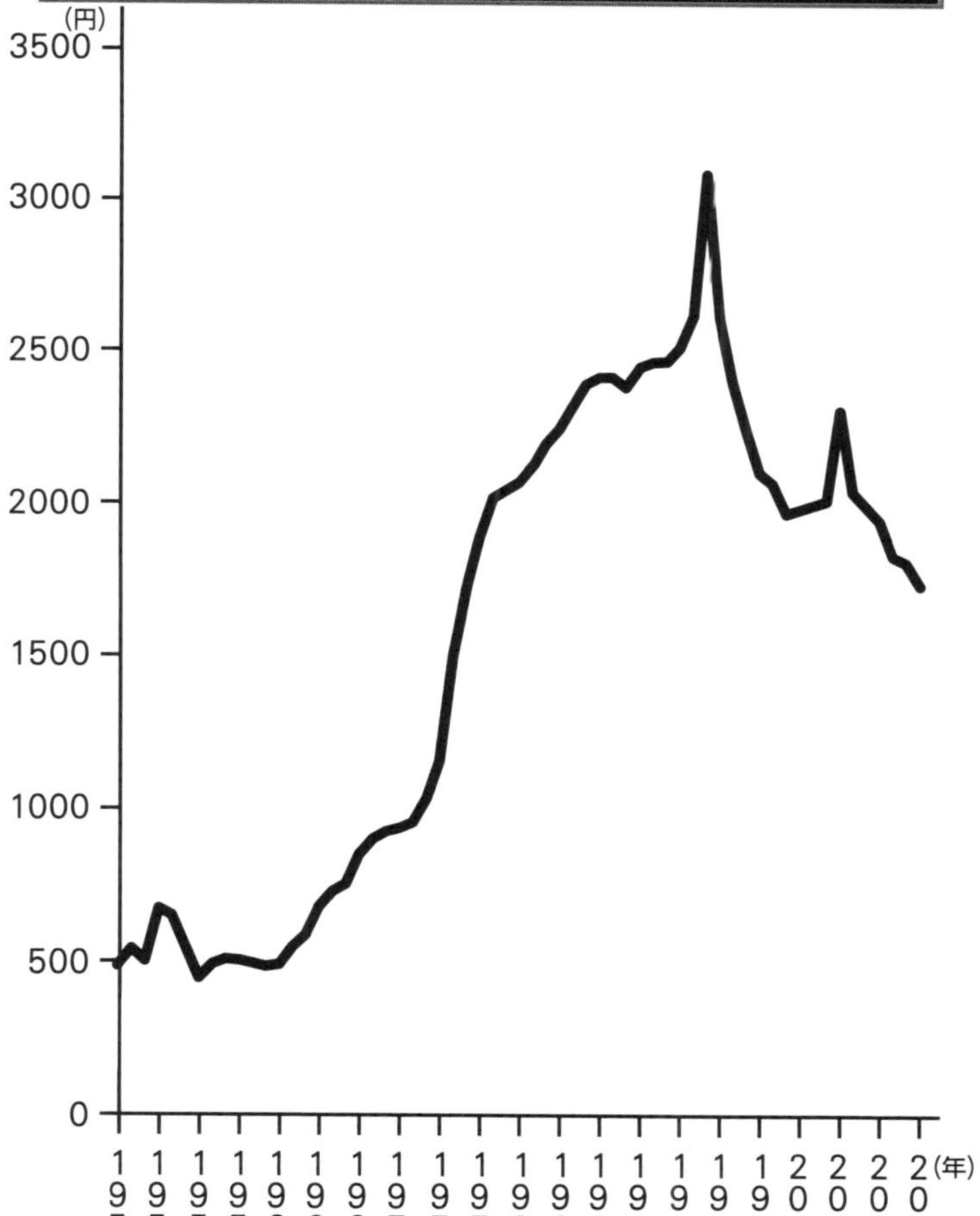

総務省統計局「小売物価統計調査」のデータを基に作成

〇八一円まで当初の約六倍にまで上昇した。そこからは先ほどのデフレで価格が下がり、二〇一〇年には一七三九円にまで落ちている。結果、六〇年間で米の価格は四九五円から一七三九円までと三・五倍になっている。

塩や水道料の基本料金、国立大学の授業料、米などの価格のように、物価だけがどんどん上昇したのでは生活はもちろん困る。ただ、この間はインフレによって給与もそれを十分にまかなえる額に上昇しているので、生活はどんどん豊かになった。

一方、インフレによって円の価値が落ちるわけだから、円資産を持っている富裕層が困ったかと言えば、そうでもない。三・五倍や五倍、ものによっては一四九倍と物価の上昇率だけを見ると確かにすごそうだが、その間六〇年あったわけで、これをならしてみるとインフレ率の年率平均は米で二・一%、国立大学の授業料で八・七%と一桁で収まるのだ。

そして、ちょうど日本は高度経済成長の時代で、今のような低金利の時代ではないから、預金をしておけば二桁に近い金利が付いた。だから、円を保有していた富裕層は苦しんだわけではなく、逆に資産を大きく殖やすことができたのである。物価が上がっても比較的なだらかなインフレ率で、給与も上がり、預金金利もそれと共に上昇していれば、まったく問題がない。

このように物価上昇が経済成長の結果によるもので、心地が良い状態のインフレを「良性のインフレ」と呼ぶ。この六〇年間は良性のインフレの時期であり、それであればまったく恐れる必要はない。問題は、悪性のインフレである。

悪性のインフレは、物価上昇が急激で経済、社会に混乱をもたらすもので、その極端なものが「ハイパーインフレ」と呼ばれたりする。ハイパーインフレの定義は明確に決まっているものではないが、一説には三年間で物価が倍（一〇〇％増）になるインフレを指す。三年間で物価が倍になるということは、年率に直すと二六％だ。

そしてここがポイントであるが、悪性のインフレは経済成長によるものではなく、なにかの悪材料によって発生したものだから、給与や預金金利は多少その悪性インフレの率に連動するかもしれないが、そのほとんどの部分をカバーすることができないということだ。

だから、なにもしなければ資産がそれだけ目減りするのである。そしてひとたびハイパーインフレに陥ればそこから抜け出すことは容易ではない。だらだらと数年にわたる長期でハイパーインフレを経験する国が出てくるのだ。また、すでに終了したかのように見えたハイパーインフレが再燃してくることも珍しくない。実際、トルコやジンバブエではそのような事態が起きている。

すぐにでも通貨が紙キレに陥りそうな国々

トルコは、インフレの歴史が実に長い国である。「ハイパー」と呼ぶほどまではないものの、一九七〇年代初めから慢性的なインフレと財政赤字に苦しんでいた。それが一九七〇年代の後半になるとインフレ率が急上昇し、そこから二〇年以上におよぶハイパーインフレを経験している。二〇〇〇年の初めに極端な通貨安を経験し実質的な経済破綻を起こした後、インフレ率は低下した。

しかし、実は最近またインフレ率が高まりつつあり、一時的に二〇一八年の秋にはインフレ率が年二五％を上回り、ハイパーインフレが忍び寄ってきている可能性がある。

ジンバブエも同様である。ジンバブエが騒がれたのは今から一〇年ほど前の話だ。ジンバブエでは二〇〇五年を境にハイパーインフレが起き始め、トルコよりも急激に進んだ。そして、そのピークは二〇〇九年一月であるが、その時のインフレ率は一日ごとに物価が二倍になるくらいで、すると一週間も経つと物価が一〇〇倍以上にもなるわけで、常識では考えられないほどだった。ちょうどその時、一〇〇兆ジンバブエドルという冗談のような紙幣が刷られている。

ジンバブエでインフレが終息に向かったのは、二〇〇九年二月に政府が米ドルや南アフリカランドでの決済を認めたことによる。そして、二〇〇九年四月にはゼロが大量に付いたおもちゃのようなジンバブエドルは発行停止になり、紙キレと化した。ちなみに、その後二〇一五年六月にジンバブエドルは廃止されることが公式発表され、保有していたジンバブエドルは米ドルへ交換されることになったが、この交換レートがすさまじい。一七・五京ジンバブエドル以内は一律五米ドル、それ以上は三・五京ジンバブエドルごとに一米ドル、先ほどの一〇〇兆ジンバブエドル一七五〇枚が五ドルに交換されたわけである。ここまでになると、もはや笑い話だ。

さて、ジンバブエでは米ドルや南アフリカランドを決済として認めることで、インフレ率が低下したわけで二〇一八年半ばまでは、その低いインフレ率を保っていた。ところが、先ほどのトルコと同様二〇一八年の後半になると、再びインフレ率が上昇しハイパーインフレの目安となる年二六%を大きく上回ってきている。そして、二〇一九年六月のインフレ率は前年比一七六%とハイパーインフレの再燃を予感させたところで、政府はインフレ率の公表を前年比ではなく前月比で発表するという小手先の技を使うようになった。

もちろんインフレ率は収まっておらず、計算すると二〇一九年八月のインフレ率は前年比で五〇〇%を超えるという。ジンバブエが早晩、ハイパーインフレに再度見舞われるのは明らかである。

このようにトルコとジンバブエの状況を説明したが、アルゼンチンも過去ハイパーインフレを経験した国で、今、再びハイパーインフレの懸念が生じている。日本円や米ドル、ユーロを巻き込んで世界規模で通貨が紙キレになると先に説明したが、先進国よりも新興国の通貨の方が脆弱なのは明らかで、トルコやジンバブエ、アルゼンチンはそれが目先に迫っている。

これらの国の通貨がハイパーインフレによって紙キレと化すのを皮切りに、新興国、先進国の順で世界中でハイパーインフレ、それによる通貨の紙キレ化に繋がって行くのかもしれない。

ハイパーインフレ時に強い現物資産を持つ

仮に世界のすべての通貨が紙キレになるとすると、それを座して待つのか。もし対策をなにもせず、「世界中がハイパーインフレになるのだったら、みんな同じだから仕方ない」と諦めるとすれば、それは愚者の行為である。特に日本人は〝みんな一緒〟が大好きで、みんなが同じであればそれだけで安心して満足してしまう。これでは困る。「ハーメルンの笛吹き男」に登場するねずみではあるまいし、〝みんなで一緒に川にドボン〟はあまりに馬鹿げた行為である。

ハイパーインフレを生き残るための対策は、なにもそう難しいことではない。ハイパーインフレ時に強い資産は、基本はインフレに強い資産だ。だから、インフレ時に強い資産の保有を考えれば良い。ただ、その中で極端なインフレには対応できないものもあるのでよく精査してほしい。

シンプルにインフレは通貨の価値が下がり、代わりにものの価値が上がるわけだから、インフレ対策の基本は〝もの〟を持つことだ。さて、一口に〝もの〟といってもいろいろな種類がある。その中でなにを選ぶべきかのポイントがある。長期保存ができて、誰もが価値を認めるもの、そしてその価値がある程度高価であること。そして人によってその価値が異ならず、換金しやすいこと。

実は、それに適したものがある。金《きん》である。昔から金《きん》や銀などは、その存在自体に価値を認められ、古くは通貨の裏付けの機能を果たしてきた。それらの金属は希少価値のある貴金属とされ、一般的な鉄やアルミニウム、鉛などを卑金属と棲み分けてきた流れがある。特に金《きん》は、貴金属の中でも知名度が抜群でその価値も高く、すでに資産家の分散先の一つの候補になっている。

現物での保有を考えた時、金《きん》が本命であるのは間違いないが、他にも代替品が考えられる。アンティークコインや絵画、骨とう品などである。ただ、これらは一つ難点があり、最後の条件の〝人によってその価値が異ならず換金しやすいこと〟を満たしていない。鑑定の専門家に見せればその価値は明らかかもしれないが、素人が見てもそれがどれほどの価値なのかわからない。たとえば、アンティークコインは硬貨一枚で数千万円、中にはなんと一億円を超える値段が付いたものまである。そうかと思えば、確かに通常より高価ではあるが、一枚数千円などで手に入るものもある。それを見分ける目を、普通は持ち合わせていない。絵画や骨とう品の鑑定ともなれば、さらに困難になる。

その点、金《きん》は誰がどう見ても金色に光輝く金属で、きちんとした国内の業者から刻印の押してあるものを購入すれば、品質は保証されている。また一グラムあたりの値段が決まっているので、大きければ大きいほど価値が高く、わかりやすい。だから現物を考える時、通常であれば金《きん》だけでも十分なくらいだ。

ただ、そんな万能に見える金《きん》にも、一つ弱点がある。それは重たいことだ。普段から金《きん》を持つ目安としては、全資産の五〜一〇％ほどを分散されるのが良いバランスである。すると全資産が一億円の方は、金《きん》の比率は五〇〇〜一〇〇〇万円となる。これであれば金《きん》は二キログラムに収まるので、なんとか許容範囲かもしれない。だが、通貨の価値がどんどん落ちているような時期に一旦資産の大部分を金《きん》に移そうとすると、一〇キログラム以上の金《きん》になるかもしれない。こうなると、かさばるので保管しておくのも一苦労だ。しかも、なにかことがあって持ち運ぼうとすると、この重たさが厄介になる。資産が殖えれば殖えるほど金《きん》の量は増え、この問題は大きくなる。

だから、ある一定以上の資産をお持ちの方は、もう一つの〝もの〟を持つのがよい。それは、〝ダイヤ〟だ。超富裕層にとって、ダイヤは究極の資産防衛の方法と言える。古くから特にヨーロッパの富裕層の間で、有事の際にまとまった資産を容易に持ち出す手段としてダイヤが利用されてきた。まとまった額を金《きん》で持ち歩くのは重たいが、ダイヤであれば一般的なサイズであれば重さは一グラム未満だ（一カラットは〇・二グラム）。それでいて、その価値は数百万円から数千万円にもなる。もし、あなたが全資産一〇〇億円を持つ超富裕層だったとして、その資産をすべてダイヤに変えても一キロに満たないのである。一〇〇億円も持っている資産家はまれだから、大抵の方の場合、ダイヤに交換するとズボンのポケットに全財産を入れて持ち運びができるのである。

ダイヤによる資産保全は、陸続きで戦争を繰り返してきたヨーロッパの先人の知恵であり、これまで有事や様々な危機に直面した際にダイヤのお陰で命拾いした人が数多くいる。ダイヤというと値動きが激しいイメージがあるかもしれないが、その予想を裏切り金《きん》価格よりも値動きはおとなしい。というよりもなだらかに上昇している極めて優良な資産に映る。実は、アンティークコインなどでもそうだが、小さくて価値が高いものは、持ち運びや取扱いが便利で超富裕層に好まれて買われている。すると、価格が大きく棄損することがあれば

他の投資商品の価格推移との比較

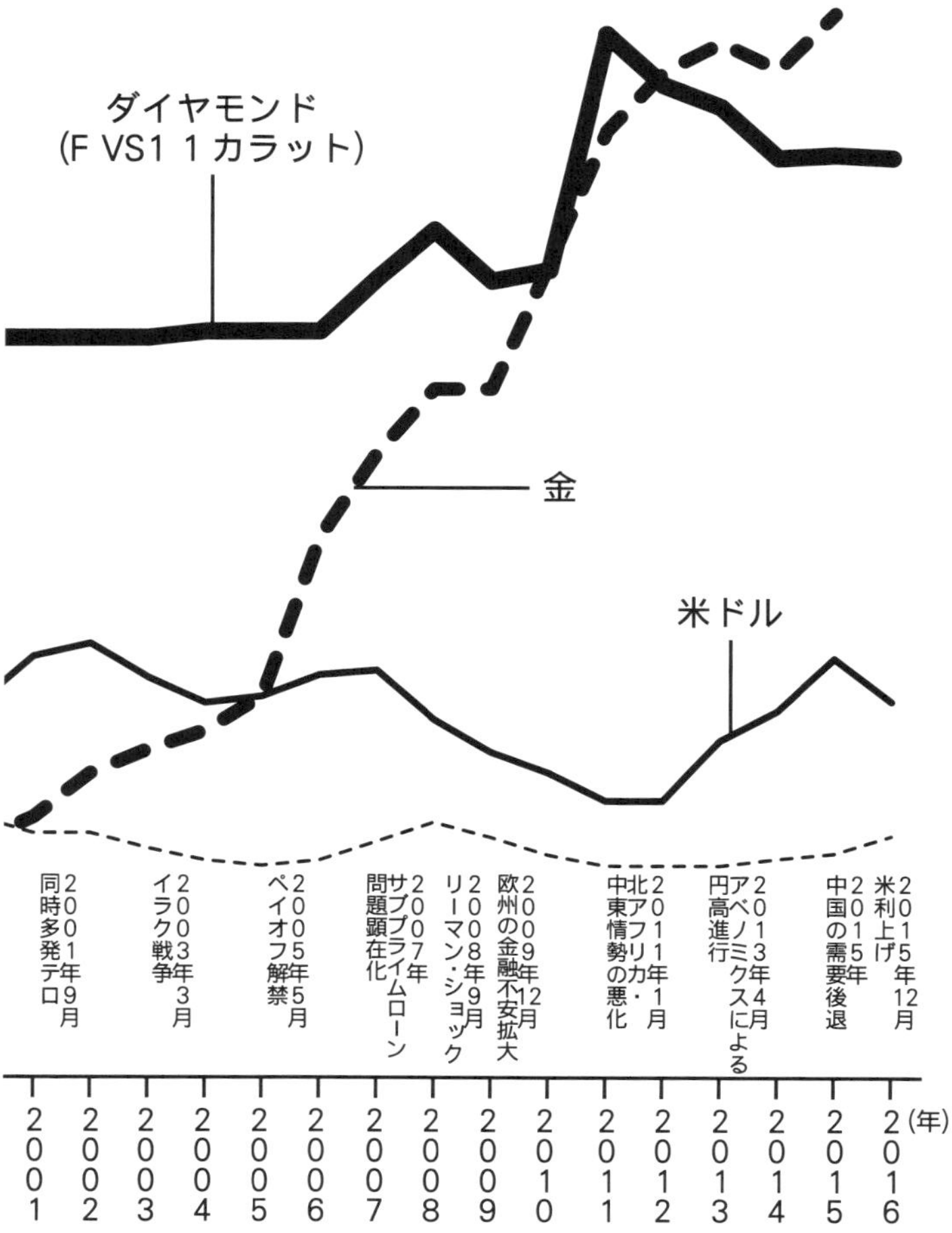

資産防衛ツールとしてのダイヤモンドと

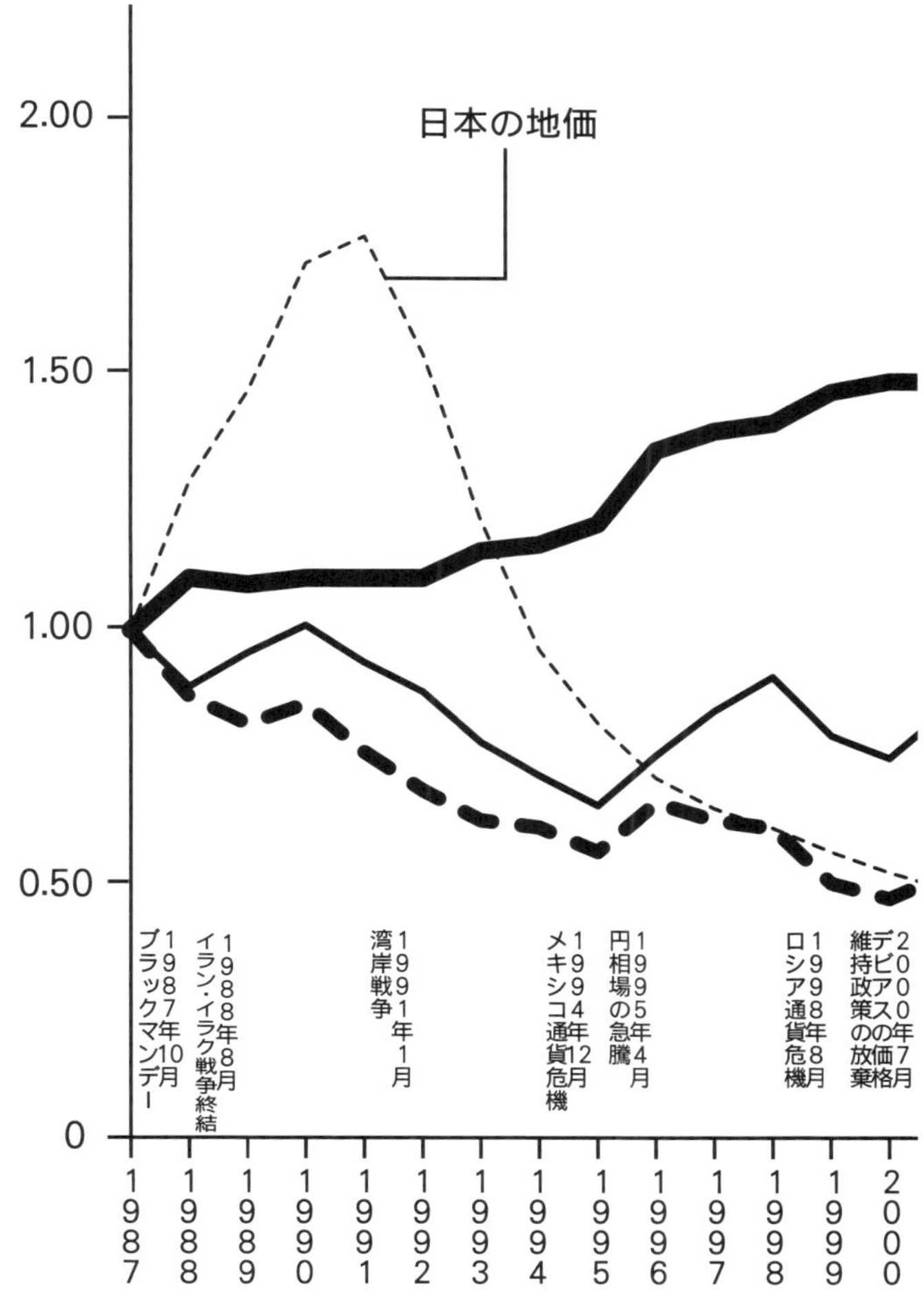

その富裕層らは困るわけで、そのため富裕層らが価格の下支えの役割を果たしているといえる。もちろんチューリップバブルのようにあまりにも本来の価値を逸脱して急騰すれば、大きな調整が起こるだろうが、なだらかに推移している分にはあまり危険に見えない。

また、ダイヤはものによって千差万別で価格が一見無秩序に見えるが、実は明確に決まっている。「ラパポート」と呼ばれるダイヤ業界の専門レポート、虎の巻が毎週一回発行されている。ＧＩＡ（米国宝石学会）がダイヤの品質について「４Ｃ」で明確に区別している。聞いたことがあるだろう。重さを表す「カラット」、透明度の「クラリティ」、色を表す「カラー」、そして形を決める切り方の「カット」、この四つの頭文字をとって「４Ｃ」である。「ラパポート」では、その「４Ｃ」のそれぞれのカテゴリーごとに細かく値付けしているのだ。だから、ダイヤの基準となる価格が「ラパポート」にすべて載っているのである。業者が顧客にダイヤを売る時、業者間でダイヤのやり取りをする時、すべてこの「ラパポート」を基準にプラス何％、マイナス何％と決めるわけだ。実は、ダイヤの価格はこのように精緻に分けられていて、誰が見てもわかるように見事に価格付けされているのである。

ただ、資産保全としてダイヤを購入する上で、気を付けるべき点がある。それは、ダイヤがこれまで日本において資産保全として注目を浴びてこなかった最大の理由であり弱点でもあるのだが、普通に取引するとスプレッドが異様に高いということだ。「スプレッドが高い」というのは、買値と売値がかけ離れている状態を意味する。たとえばデパートで買ったダイヤを換金しようとすると、五分の一、一〇分の一になるのが当たり前である。安物を買うと二束三文にもならず、買い取ってくれないこともある。いくらダイヤが資産保全に適していても、これほどスプレッドがあるとまったく話にならない。

しかし、実はこのスプレッドをかなり小さくすることができる方法がある。それは、ダイヤをオークションで売買するのだ。オークションでの売買は専門業者に任せるため、そこで一部手数料がかかるが、それで売ったり買ったりできるわけだ。オークションというと絵画や骨とう品をイメージされるかもしれないが、ダイヤもオークションでやり取りできるのである。そして、前述のように「ラパポート」によって明確な基準があるので、オークションに出されたダイヤは適正な価格でやり取りされるのである。

流通量の多いダイヤは一～三カラットの質の良いもので、そのくらいであればオークションで手軽に売買ができる。一カラットで質の良いものは数十万～一〇〇万円程度である（「質の良い」と一括りにしたが、「カット」以外の「4C」で細分化されるため値段に幅がある）。全資産が五〇〇〇万円を超える方は、資産の五％程度を目安に一カラットのダイヤを数粒持つという資産保全をぜひ取り入れてほしい。また、そんなに資産がない方もダイヤをお得に買う方法としてオークションという方法を頭に入れておくと良いだろう。婚約指輪や結婚六〇年の記念日「ダイヤモンド婚式」、長い人生の中で一、二回ぐらいはダイヤに触れる機会があるのだから。

なお、実際にオークションでダイヤを購入（または売却）するといっても、素人はオークションに参加することさえもできないので、その方法については、第二海援隊の「ダイヤモンド投資情報センター」（ＴＥＬ：〇三－三二九一－六一〇六）で情報提供しているので問い合わせをしてほしい。

インフレとは、ものの価値が上がることである。だからハイパーインフレとは、その言葉通り〝ハイパーに〟ものの価値が上がるわけで、現物資産を持つことが基本となる。すべての通貨が紙キレになるような世界中でハイパーインフレになっている特異な場合には、最後は現物である。その時、現物の極みともいうべき金《きん》、そしてダイヤへの分散を外すことはできない。

米ドルは円に比べるとマシ？

すべての通貨が紙キレになるのであれば、結論はすでに述べた通り資産を原則として金《きん》とダイヤへ換えるべきだ。ただ、長期で置いておく分はそれでもよいが、生活費が必要ですべての資産を現物に換えるわけにもいかない。一部を通貨で残す必要があるだろう。その時、どの通貨を持つのが良いのか。日本人だから円なのか、それとも米ドルなのか、ユーロなのか。

結論を申し上げると、米ドルをメインとするのが良い。理由は二つある。一つは、米ドルは基軸通貨で世界中でもっとも使われている通貨だから。そしてもう一つは、米ドルは円に比べるとマシだから。前者の説明は、今更不要だろう。では、後者はというと、今少し説明が必要だろう。

すべての通貨が紙キレになるとしても、国や地域によって時間差が出る。アメリカと日本とヨーロッパ、そしてそれ以外の他の国がすべて同時になるとは考えにくい。また、その時の紙キレになる度合も異なる。つまり、インフレ率にも違いが出てくる。実際、先に見たトルコやジンバブエ、アルゼンチンは最近高いインフレ率になっているが、それぞれの二〇一九年八月の前年比のインフレ率を見るとトルコは一六％超、ジンバブエは五〇〇％超、アルゼンチンは五〇％超とそれぞれ異なっている。

もし、世界にこの三つの国しかないとして、どの国の通貨を持つのが良いかを考えてみると、答えは明らかである。目先は間違いなくトルコであって、間違っても前年比五〇〇％超とすでに再び通貨が紙キレになろうとしているジンバブエでは決してない。

国の状況によって、ハイパーインフレが訪れる時期やタイミング、そしてインフレ率が異なるのである。だから、世界中の通貨の価値が希薄化されハイパーインフレに包まれた際、マシな国とひどい国との差が生じるのだ。

そして残念なことに、わが国日本はインフレ率がひどい国に分類される。それは国の借金を見れば明らかだ。すでに、額もＧＤＰ比も人類史上最大の借金を日本はしてしまっているわけで、しかもその借金はまだ拡大を続けている。ひとたびインフレが始まれば、もっともひどいハイパーインフレを経験する国の一つになると容易に推察できる。その時期は、まだ先の二〇三〇年頃だと思われるが、その頃には想像を絶する状態にまでなっていることだろう。

それに比べると、他の先進国はどの国もマシではあるだろうが、中でも一つ選ぶとするとやはりアメリカだ。やはり腐っても大国で、生活費として米ドルを保有しておくことを怠ってはいけない。

仮想通貨はやはり信用できないが、ほんの一部なら面白い

少し話題を変えてみよう。今度は仮想通貨である。仮想通貨は二〇〇九年にビットコインが誕生したのが最初だが、その背景には将来インフレによって通貨の価値が希薄（場合によっては紙キレ）になることを懸念して生まれたのをご存じだろうか。仮想通貨の代表格であるビットコインは、〝ブロックチェーン〟の仕組みで動いている。そのブロックチェーン上に文章を載せると、改ざんや消去しようとしてもできず未来永劫残る。そのビットコインの最初の取引のブロック（創造を意味する〝ジェネシスブロック〟という特別な名称がついている）に次のようなメッセージが刻まれている。

「Chancellor on brink of second bailout for banks」――この文章は二〇〇九年一月三日の英タイムズ紙の見出しを飾ったもので、意味は「蔵相は、銀行へ二度目の救済措置を迫られている」というもの。時は、二〇〇八年の金融危機の

直後で大混乱中である。各国中央銀行があらゆる金融機関を救うために市中に巨額の資金を提供し、それでも足りずに再度の資金提供を迫られている最中、英タイムズ紙が掲載した。それをビットコインの創設者であるナカモトサトシ氏が、わざわざジェネシスブロックに刻んだのだ。おそらく「そんなことをするととんでもないインフレになるかもしれないよ。本当にそんなことをしても良いの？」という皮肉を込めて。

実は、ビットコインは作られた際に発行量の上限があらかじめ設定してあり、無尽蔵に発行することによる価値の希薄化を防止している。だから、すべての通貨が大量発行により紙キレ同然になった時に、インフレが起きないように設定されているビットコインに資金が流れる可能性がないとは言えない。

では、ビットコインを資産の分散対象に入れた方が良いのか。一時期よりは上下の動きが収まってきたとはいえ、いまだに時々上下が激しく動いている。また二〇〇九年に生まれたばかりで、中央銀行の後ろ盾もないため、海のものとも山のものともわからないのが現状で、信用に足るかと言われると不安が残る。せっかくインフレに関係しない決済手段があるにも関わらず、それを使って良いのかどうかの判断に困るのが現状だ。

そのような存在であるビットコインに対して、最近ある人の言葉が言い得て妙だと納得させられた。ブラックマンデーや日本のバブル崩壊、また二〇〇八年の金融危機を見事当てた天才投資家、マーク・ファーバーだ。

彼は最初、ビットコインを懐疑的に見ており、投資はまったく行なってこなかった。その彼が二〇一九年二月下旬にビットコインを初めて購入したことを明らかにしたのだ（当時、一ビットコインは約四〇万円）。そして、いまだにビットコインは投資対象としては推奨しないものの、周囲の一部には「買ってみても」と話をしているらしい。彼の言葉はこうだ。「ビットコインが送金の標準になることは十分にあり得る。ただ、投資を行なうのであれば失う覚悟ができている金額だけで投資すべきだ」。

彼は香港にある大手仮想通貨企業「Xapo」のトップと会談し、その熱にすっかりあてられてしまったようだが、それでも彼ほどの投資家を口説く力を持つビットコインの将来性は、確かに魅力的だ。彼の言葉通り、失う覚悟ができている金額で資産の一％以下であれば、大量発行によって紙キレになりそうなこれまでの通貨と異なるものとして、分散で入れておいても面白いのではないか。

ハイパーインフレ以上に稼ぐ方法に注目

すべての通貨が紙キレになるのであれば、結論は現物資産を持つのが正しい。加えて生活費として米ドルをメインとした通貨、そこに少しビットコインに代表される仮想通貨というスパイスを入れるかどうかだ。それが基本の考え方で、それで十分ことは足りる。ただ、それでは満足できない方に、最後に上級者向けの対策を紹介しておこう。

それはハイパーインフレが起きたとしても、そのインフレ率以上に運用することができれば、資産は減るどころかどんどん殖えるということだ。

そんな都合の良い、上手い方法があるのかと言えば、実はある。「ＭＦ戦略のファンド」と「オプション取引」である。

MF戦略とは「Managed futures（マネージド・フューチャーズ）」の略称で、「CTA」とも呼ばれたりする。先物をコンピュータでコントロールしながら運用する戦略で、世界中の株式や債券、金利、通貨、商品といったありとあらゆる先物市場を投資対象にしている。先物なので、相場が上昇する時には〝買い〟で、下落する時には〝売り〟で収益を出すことができる。

そしてこの戦略のファンドは、相場が大きく動いた時に大きく収益を出すものが多い。たとえば二〇〇八年の金融危機が発生した九月からその年末一二月の四ヵ月でみると、あるファンドはプラス二三％、またもう一つのファンドはプラス三四％も収益を出している。どちらも世界的に名の通った有名なファンドだ。これだけ収益力が高ければ、ハイパーインフレの率を上回ることが可能だ。世界中にMF戦略のファンドは数多く存在し、ファンドの成績の優劣はあるが、世界中がハイパーインフレといった相場の極端な変動があった際には、それぞれが大きな収益を期待できる。このようなMF戦略のファンドをタイミ

ハイパーインフレ対策の資産候補

基本

金とダイヤ

生活費

米ドルをメインとした通貨

面白資産

仮想通貨（ビットコイン）

ハイパーインフレに果敢に戦う方法

MF戦略のファンドとオプション取引

ング良く使いながら、インフレ率以上の収益を狙うのである。

なお、このMF戦略のファンドについては、第二海援隊グループの会員制組織である「プラチナクラブ」「ロイヤル資産クラブ」「自分年金クラブ」（代表電話番号：〇三―三二九一―七二九一）で海外の魅力的なファンドの調査や情報提供を行なっているので、そちらに問い合わせをしてほしい。

最後に、わずか四ヵ月で二〇％や三〇％の収益を出すようなMF戦略のファンドよりも驚異的な収益力を持つ運用がある。それが「オプション取引」である。オプション取引の収益力は桁違いだ。普通に二倍、三倍のチャンスがごろごろしている。年に数回ぐらいは一〇倍以上になることもあるし、たまに一〇〇倍になることもある。しかもそれが一週間ほどの短期で、いや本当に短い時はわずか一日の間で起きたりするのだ。わずか一日で二倍、三倍、一〇倍、一〇〇倍、ハイパーインフレも真っ青な倍率である。

このように、大きな収益チャンスが至るところにごろごろ転がっているのがオプション取引の魅力である。投資の世界でオプション取引以上の性能を持つ方法はない、と言ってもよいほどだ。

オプション取引自体にはやり方があり、相場が大きく動いた時に収益を得ることができる方法がある。相場は動けば動くほど良い。大きく上昇しても、大きく下落してもどちらでも収益を得ることができる。しかも、それを損失限定した上で行なう方法があり、そこがオプション取引の最大の魅力であり、醍醐味と言える。このオプション取引をうまく使いこなすことができれば、ハイパーインフレであろうがまったく怖くないだろう。

オプション取引は、チャンスが転がっている分、損をする機会も数多く転がっているので、その点は注意されたい。また、実際に取引を行なうには今回のさわりの部分だけではまったく知識が足りない。だから、実際には十分に知識を身に付けた上でオプション取引に取り組んでほしい。

そのオプション取引の基本知識を身に付けていただく上で、拙書『一〇万円を一〇年で一〇億円にする方法』（第二海援隊刊）を活用いただきたい。また、独学で取引できるようになれば良いが、それはかなり難しいだろう。そこで弊社「オプション研究会」への入会もお勧めしておく。そこでは、オプションの基礎知識や取引方法はもちろんのこと、どのようにオプション取引で大きな収益を得ようとするのかを手取り足取りサポートさせていただいている。詳しくは二六〇ページを確認されたい。

ハイパーインフレは、時にはジェットコースターのようにインフレ率を変化させながら、私たちの生活に牙をむいて襲い掛かってくる。それによって仮に世界中の通貨が紙キレ同然の状態になっても、生き残る対策は確かに存在する。特に最後に紹介したオプション取引は、ハイパーインフレを凌駕する収益を得ようとする究極のノウハウである。タイミングが難しいので誰もができるものではないが、取り組んでみると面白いのは間違いない。

ただし、事態が本当に切羽詰まった状態になれば、たとえば一〇〇兆ジンバブエドルならぬ、一〇〇兆円札が発行されるような状態にまでなるのであれば、その時は余計なことをせず一目散に逃げた方が良い。〝三十六計逃げるに如かず〟で、その時は究極の現物資産、金《きん》とダイヤを頼るわけだ。

エピローグ「日本の運命」――恐慌経由国家破産

チャンスに直面した際、無駄に迷いためらわないこと。
即ち颯爽たる決断力をもって、万難を排して、これをキャッチすべしである
（中村天風）

あなたの運命は、世界の中央銀行の動きで決まる

今や世界の運命は、「世界中の中央銀行にかかっている」といっても過言ではない。もちろん、あなたの運命もだ。

リーマン・ショック以降、中央銀行が無制限の金融緩和を続け、マネーが溢れバブルを生み、株も不動産も高値を追い続けてきた。しかし、そのバブルもいよいよ最終局面を迎えようとしている。

ところが、アメリカでもニューヨークダウが下がり始めるとトランプがＦＲＢに命じて、「引き締めなどもっての外だ。また金融緩和をやれ」ということになって金利を下げる方向へと逆戻りしてしまった。こうした先送りは習近平の中国も同様で、不良債権が積み上がるのにも目をつぶって再び金融緩和に舵を切った。日本でも、株が下がると日銀がＥＴＦ（株）を買うという、政府主導による株価維持作戦を続けている。

しかし、いくら中央銀行でも無制限にそうした行為を続けられるものではない。無理をすればするほど、ツケを先送りすればするほど矛盾が爆発した時の衝撃はすさまじいものとなる。中央銀行という最後の切り札が力を出し切ってしまった時、あるいは矛盾の方が中央銀行の力を上回ってしまった時、世界は「金融崩壊という悪夢」に見舞われることだろう。その発端の時となるのが、二〇二〇年の可能性が高い。

いずれにせよ、世界情勢はすべてが煮詰まってきたと言っても過言ではない。日本に限っていえば、中長期的に見て「恐慌」経由「国家破産」というトレンドに突入するだろう。恐慌は二〇二〇～二二年頃やってきて、国家破産はその後しばらくして二〇二五～三〇年頃にスタートすると見ておいてよいだろう。

恐ろしいことに、こうした時期には資産はあっという間に消えてしまう。だからこそ、今から準備して資産防衛を必死に実行すべきだろう。

「巨大トレンドがひとたび動き始めると、九〇％の人々は資産を大きく減らす」という言葉を肝に銘じて対策を打つべきだ。二〇二〇～三〇年は、忘れ難い時代として人々の心に記憶されるはずだ。
これからやってくる巨大トレンドの荒波の中で、どうやって生き残って行くか。皆さんの真価が問われる時と言ってよい。この激動の時代を見事生き残って、次の時代のまぶしい朝日を読者の皆さんが無事拝まれんことを祈って筆を置きたい。

二〇一九年一〇月吉日

浅井　隆

■今後、『デイトレ・ポンちゃん』『本当は2000万円ではなく1億円足りない!?』『中国発世界大恐慌で1ドル=90円、日経平均1万2000円に』（すべて仮題）を順次出版予定です。ご期待下さい。

浅井隆からの重要なお知らせ

——恐慌および国家破産を勝ち残るための具体的ノウハウ

「オプション研究会」好評始動中!!

リーマン・ショックから一〇年。市場はすさまじい恐慌相場による教訓を忘れ、一部では溢れかえる金融緩和マネーの流入によってバブル経済を引き起こしつつあります。世界経済は次なる暴落局面に向けて着々とエネルギーを蓄えているかのようです。しかし、こうした相場大変動の局面は「オプション投資」にとっては千載一遇の大チャンスにもなり得ます。

このチャンスをしっかりとモノにできれば、サラリーマンは資産家に、そして小金持ちは大富豪になることすら夢ではありません。ただ、この好機をつかむためには、オプション取引の基本を理解し、暴落相場における収益シミュレーションを入念に行なって、いざコトがはじまった時にすぐさま対応できるよう準備を整えることがなにより重要です。またこうした準備は、なるべく早いうちに行なうことが成功のカギとなります。

そこで今回、浅井隆自らがオプション投資の魅力と活用のコツ、そしてそれを実践するための基本から、暴落時の投資シナリオに至るまでの必要な知識と実践法を伝授し、そしてイザ大変動が到来した際は、投資タイミングに関する情報も発信する新たな会員制クラブ「オプション研究会」を二〇一八年一〇月一日に発足しました。募集早々からお問い合わせが殺到し、第一次募集の定員一〇〇名と、追加枠の一〇〇名の合計二〇〇名についても満員となりました。現在はキャンセル待ちにてのご入会受付となっており、入会までお時間をいただくことになりますことをご了承下さい。なお体制整備を図り、二〇一九年内には最後の追加募集を実施する予定です。こちらも応募の殺到が予想されますので、お早めのお申し込みをお奨めします。

ここで「オプション取引」についてご存じない方のために、ごく簡単にその魅力の一端をご紹介します。

まず、投資対象は大阪取引所に上場されている「日経平均オプション」という金融商品で、ある将来時点での日経平均株価を、あらかじめ決まった価格で「買う」または「売る」ことのできる権利を売買する取引になります。投資に少し明るい方や投資本などからは「リスクが高く難しいプロ向けの投資法」という指摘がありますが、これは「オプション取引」の一側面を説明しているに過ぎません。実は基本的な仕組みとリスクの高いポイントを正しく理解すれば、リスクを限定しつつ、少額から投資して資金を数十~数百倍にもすることが可能となる、極めて魅力的な投資法となるのです。

オプション取引の主なポイントは以下の通りです。

①取引を権利の「買い建て」に限定すれば、損失は投資した額に限定され、追証が発生しない（つまり損失は限定）

②数千もの銘柄がある株式投資と異なり、日経平均の「買う権利」（コール）

オプションとは

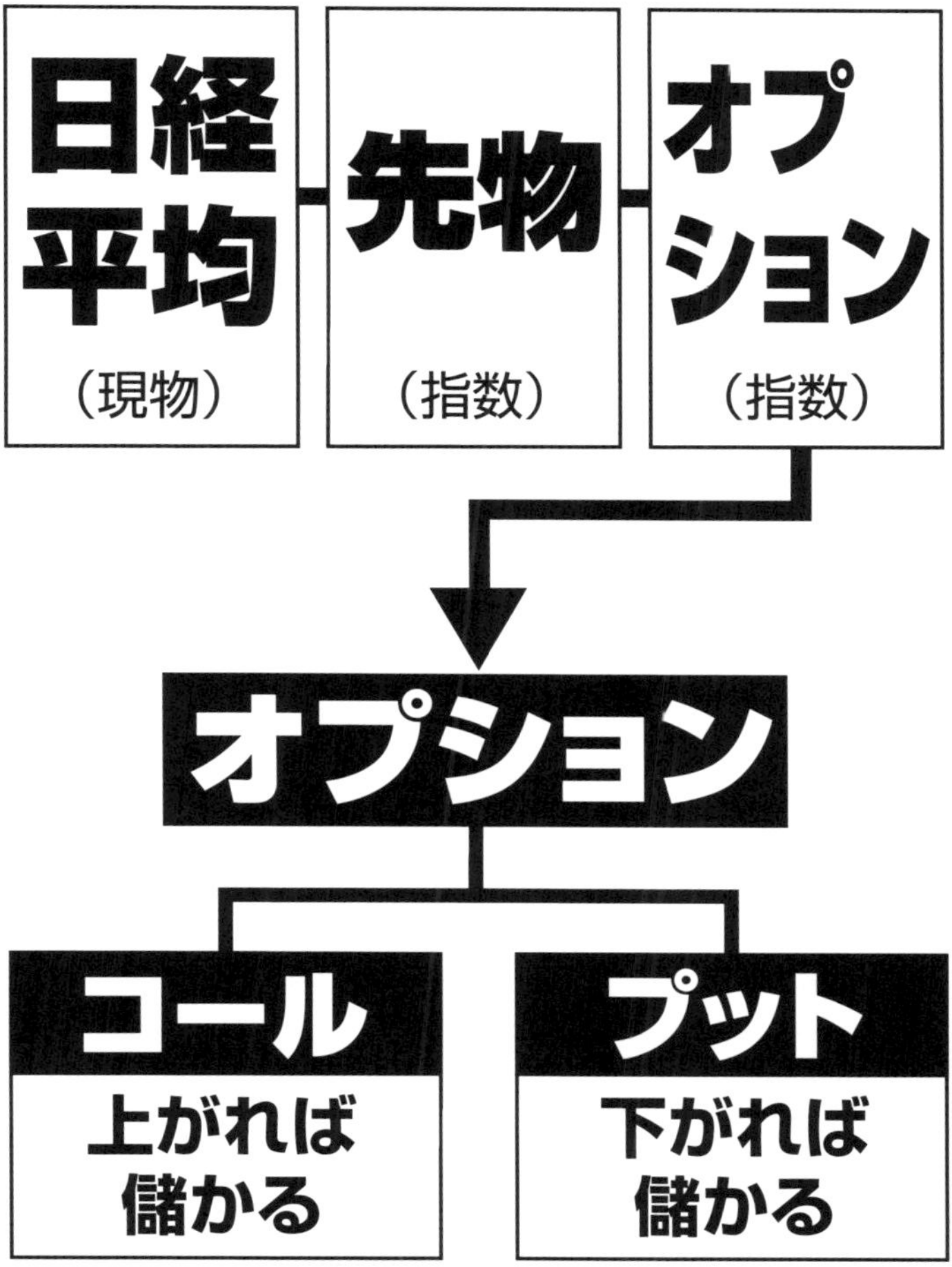

を買うか「売る権利」（プット）を買うかなので、ある意味単純明快

③日本の株価がいつ大きく動くのか、タイミングを当てることが成否の最大のポイント

④給与や年金とは分離して課税される（税率約二〇％）

⑤二〇一九年後半～二〇二〇年、株式相場は大荒れが予想されるのでオプションは人生最大のチャンスになる！

「オプション研究会」では、オプション投資はおろか株式投資の経験もないという方でも、チャンス到来の時にはしっかりと取引を行なって収益機会を活用できることを目指し、懇切丁寧に指導いたします。もちろん、オプション取引は「誰でも簡単に投資し、利益を得られる」というものではありませんが、「一生に一度」にもなるかもしれない好機をぜひ活かしたいという意欲があれば、必ずやこのクラブを通じてオプション投資の基本を習得し、そして実践できるだけの力を身に付けていただけると自負いたします。また、大きな収益期待があるある投資方法は、それに伴うリスクにも十分に注意が必要となりますが、その

点についてもクラブにて手厚く指導いたしますのでご安心下さい。

ご関心がおありの方は、ぜひこのチャンスを逃さずにお問い合わせ下さい。

㈱日本インベストメント・リサーチ　オプション研究会」担当　山内・稲垣・関。

ＴＥＬ：〇三（三二九一）七二九一　ＦＡＸ：〇三（三二九一）七二九二

Ｅメール：info@nihoninvest.co.jp

浅井隆が詳説！「オプション研究会」無料説明会ＤＶＤ

オプションに重大な関心を寄せているものの、どのようにしてオプション投資にとりかかればよいかわからないという方のために、浅井隆自らがオプション投資の魅力と活用のコツ、そしてそれを実践するための専門的な助言クラブである「オプション研究会」の内容を詳しく解説した無料説明会ＤＶＤを頒布いたします（内容は二〇一八年一二月一五日に開催した説明会を収録したものです）。「書籍を読んだけど、今少し理解を深めたい」「浅井隆からのメッセージを直接聞いてみたい」という方は、ぜひこの機会にご入手下さい。なお、音声のみをご希望の方にはＣＤの頒布もございます。

「オプション研究会 無料説明会 受講ＤＶＤ／ＣＤ」

（収録時間：ＤＶＤ・ＣＤとも約一六〇分）

価格：特別ＤＶＤ……三〇〇〇円（実費 送料込）

ＣＤ……二〇〇〇円（実費 送料込）
※ ＤＶＤ・ＣＤとも、お申し込み確認後約一〇日でお届けいたします。
「オプション研究会 無料説明会 受講ＤＶＤ」に関するお問い合わせは、
「㈱日本インベストメント・リサーチ オプション研究会 担当」まで。
ＴＥＬ：〇三（三二九一）七二九一 ＦＡＸ：〇三（三二九一）七二九二
Ｅメール：info@nihoninvest.co.jp

厳しい時代を賢く生き残るために必要な情報収集手段

日本国政府の借金は、先進国中最悪でＧＤＰ比二四〇％に達し、太平洋戦争終戦時を超えていつ破産してもおかしくない状況です。国家破産へのタイムリミットが刻一刻と迫りつつある中、ご自身とご家族の老後を守るためには二つの情報収集が欠かせません。

一つは「国内外の経済情勢」に関する情報収集、もう一つは「海外ファンド」や「海外の銀行口座」に関する情報収集です。これらについては、新聞やテレビなどのメディアやインターネットでの情報収集だけでは十分とは言えません。私はかつて新聞社に勤務し、以前はテレビに出演をしたこともありますが、その経験から言えることは「新聞は参考情報。テレビはあくまでショー（エンターテインメント）」だということです。インターネットも含め誰もが簡単に入手できる情報でこれからの激動の時代を生き残って行くことはできません。

皆さんにとって、もっとも大切なこの二つの情報収集には、第二海援隊グループ（代表：浅井隆）が提供する特殊な情報と具体的なノウハウをぜひご活用下さい。

“恐慌および国家破産対策”の入口「経済トレンドレポート」

皆さんに特にお勧めしたいのが、浅井隆が取材した特殊な情報や、浅井が信頼する人脈から得た秀逸な情報をいち早くお届けする「経済トレンドレポート」です。今まで、数多くの経済予測を的中させてきました。

そうした特別な経済情報を年三三回（一〇日に一回）発行のレポートでお届けします。初心者や経済情報に慣れていない方にも読みやすい内容で、新聞やインターネットに先立つ情報や、大手マスコミとは異なる切り口からまとめた情報を掲載しています。

さらにその中で恐慌、国家破産に関する『特別緊急警告』『恐慌警報』も流しております。「激動の二一世紀を生き残るために対策をしなければならないことは理解したが、なにから手を付ければよいかわからない」「経済情報をタイム

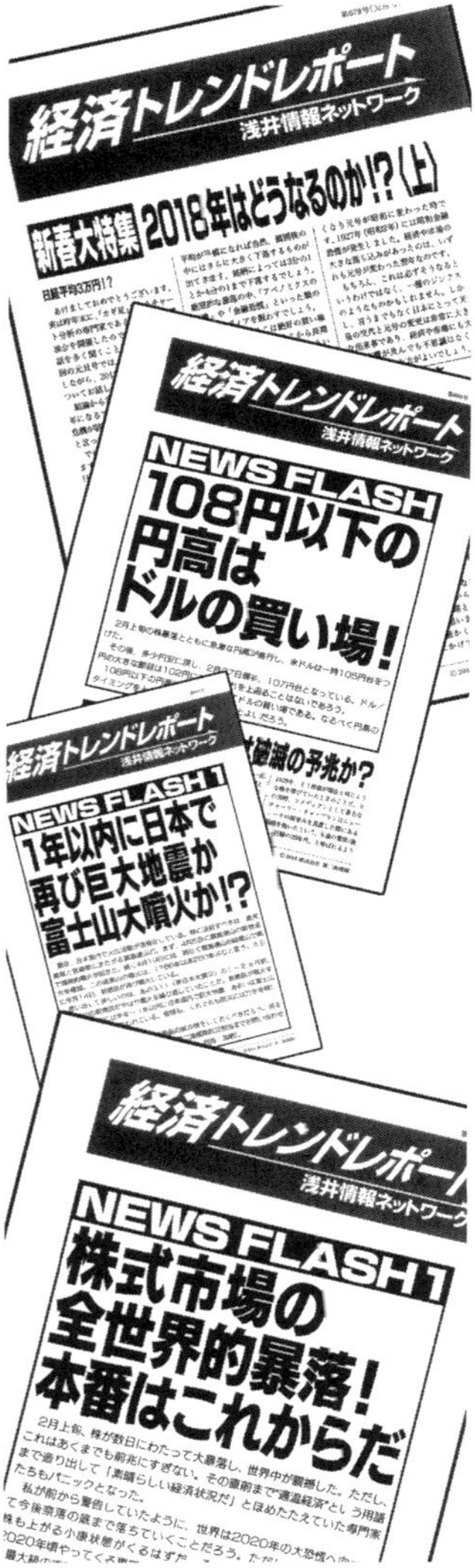

リーに得たいが、難しい内容にはついて行けない」という方は、まずこの経済トレンドレポートをご購読下さい。経済トレンドレポートの会員になられますと、講演会など様々な割引・特典を受けられます。詳しいお問い合わせ先は、㈱第二海援隊まで。

恐慌・国家破産への実践的な対策を伝授する会員制クラブ

国家破産対策を本格的に実践したい方にぜひお勧めしたいのが、第二海援隊の一〇〇%子会社「株式会社日本インベストメント・リサーチ」（関東財務局長（金商）第九二六号）が運営する三つの会員制クラブ（「自分年金クラブ」「ロイヤル資産クラブ」「プラチナクラブ」）です。

まず、この三つのクラブについて簡単にご紹介しましょう。「自分年金クラブ」は、資産一〇〇〇万円未満の方向け、「ロイヤル資産クラブ」は資産一〇〇〇万～数千万円程度の方向け、そして最高峰の「プラチナクラブ」は資産一億円以上の方向け（ご入会条件は資産五〇〇〇万円以上）で、それぞれの資産規模に応じた魅力的な海外ファンドの銘柄情報や、国内外の金融機関の活用法に関する情報を提供しています。

恐慌・国家破産は、なんと言っても海外ファンドや海外口座といった「海外の活用」が極めて有効な対策となります。特に海外ファンドについては、私たちは早くからその有効性に注目し、二〇年以上にわたって世界中の銘柄を調査してまいりました。本物の実力を持つ海外ファンドの中には、恐慌や国家破産といった有事に実力を発揮するのみならず、平時には資産運用としても魅力的なパフォーマンスを示すものがあります。こうした情報を厳選してお届けするのが、三つの会員制クラブの最大の特長です。

その一例をご紹介しましょう。三クラブ共通で情報提供する「ATファンド」は、先進国が軒並みゼロ金利というこのご時世にあって、年率六～七％の収益を安定的に挙げています。これは、たとえば三〇〇万円を預けると毎年約二〇万円の収益を複利で得られ、およそ一〇年で資産が二倍になる計算となります。しかもこのファンドは、二〇一四年の運用開始から一度もマイナスを計上したことがないという、極めて優秀な運用実績を残しています。日本国内の投資信託などではとても信じられない数字ですが、世界中を見渡せばこうした優れた銘柄はまだまだあるのです。

冒頭にご紹介した三つのクラブでは、「ATファンド」をはじめとしてより高い収益力が期待できる銘柄や、恐慌などの有事により強い力を期待できる銘柄など、様々な魅力を持ったファンド情報をお届けしています。なお、資産規模が大きいクラブほど、取扱銘柄数も多くなっております。

また、ファンドだけでなく金融機関選びも極めて重要です。単に有事にも耐え得る高い信頼性というだけでなく、各種手数料の優遇や有利な金利が設定されている、日本にいながらにして海外の市場と取引ができるなど、金融機関も様々な特長を持っています。こうした中から、各クラブでは資産規模に適した、魅力的な条件を持つ国内外の金融機関に関する情報を提供し、またその活用方法についてもアドバイスしています。

その他、国内外の金融ルールや国内税制などに関する情報など資産防衛に有用な様々な情報を発信、会員様の資産に関するご相談にもお応えしております。浅井隆が長年研究・実践してきた国家破産対策のノウハウを、ぜひあなたの大切な資産防衛にお役立て下さい。

詳しいお問い合わせは「㈱日本インベストメント・リサーチ」まで。

TEL：〇三（三二九一）七二九一　FAX：〇三（三二九一）七二九二

Eメール：info@nihoninvest.co.jp

「ダイヤモンド投資情報センター」

現物資産を持つことで資産保全を考える場合、小さくて軽いダイヤモンドは持ち運びも簡単で、大変有効な手段と言えます。近代画壇の巨匠・藤田嗣治は第二次世界大戦後、混乱する世界を渡り歩く際、資産として持っていたダイヤモンドを絵の具のチューブに隠して持ち出し、渡航後の糧にしました。金《きん》だけの資産防衛では不安という方は、ダイヤモンドを検討するのも一手でしょう。

しかし、ダイヤモンドの場合、金《きん》とは違って公的な市場が存在せず、専門の鑑定士がダイヤモンドの品質をそれぞれ一点ずつ評価して値段が決まるため、売り買いは金《きん》に比べるとかなり難しいという事情があります。そのため、信頼できる専門家や取扱店と巡り合えるかが、ダイヤモンドでの資産保全の成否の分かれ目です。

そこで、信頼できるルートを確保し業者間価格の数割引という価格での購入が可能で、GIA（米国宝石学会）の鑑定書付きという海外に持ち運んでも適正価格での売却が可能な条件を備えたダイヤモンドの売買ができる情報を提供いたします。

ご関心がある方は「ダイヤモンド投資情報センター」にお問い合わせ下さい。

TEL：〇三（三二九一）六一〇六　担当：大津

『浅井隆と行くニュージーランド視察ツアー』

南半球の小国でありながら独自の国家戦略を掲げる国、ニュージーランド。浅井隆が二〇年前から注目してきたこの国が今、「世界でもっとも安全な国」として世界中から脚光を浴びています。核や自然災害の脅威、資本主義の崩壊に備え、世界中の大富豪がニュージーランドに広大な土地を購入し、サバイバル施設を建設しています。さらに、財産の保全先（相続税、贈与税、キャピタルゲイン課税がありません）、移住先としてもこれ以上の国はないかもしれません。そのニュージーランドを浅井隆と共に訪問する、「浅井隆と行くニュージーランド視察ツアー」を毎年一一月に開催しております。現地では浅井の経済最新情報レクチャーもございます。内容の充実した素晴らしいツアーです。ぜひ、ご参加下さい。

TEL：〇三（三二九一）六一〇六　担当：大津

浅井隆のナマの声が聞ける講演会

著者・浅井隆の講演会を開催いたします。二〇二〇年は東京・一月一八日（土）、東京・四月二八日（火）、大阪・四月三〇日（木）、福岡・五月一日（金）を予定しております。経済の最新情報をお伝えすると共に、生き残りの具体的な対策を詳しく、わかりやすく解説いたします。
活字では伝えることのできない肉声による貴重な情報にご期待下さい。
詳しいお問い合わせ先は、㈱第二海援隊まで。
■第二海援隊連絡先
TEL：〇三（三二九一）六一〇六　FAX：〇三（三二九一）六九〇〇
Eメール：info@dainikaientai.co.jp
ホームページアドレス：http://www.dainikaientai.co.jp/

金に関する本当の情報をお伝えする特別レクチャー

私の会社では、国家破産時の最後の資産保全手段である金《きん》（ゴールド）について『金《きん》』の全てを語る講演会」を二〇一九年一二月一四日（土）東京御茶ノ水の第二海援隊隣接セミナールームにて特別開催いたします。質問時間もたっぷりありますので、ぜひご参加下さい。

詳しいお問い合わせ先は、㈱第二海援隊まで。

■第二海援隊連絡先
TEL：〇三（三二九一）六一〇六　FAX：〇三（三二九一）六九〇〇
Eメール：info@dainikaientai.co.jp
ホームページアドレス：http://www.dainikaientai.co.jp/

第二海援隊ホームページ

また、第二海援隊では様々な情報をインターネット上でも提供しております。詳しくは「第二海援隊ホームページ」をご覧下さい。私ども第二海援隊グループは、皆さんの大切な財産を経済変動や国家破産から守り殖やすためのあらゆる情報提供とお手伝いを全力で行ないます。

また、浅井隆によるコラム「天国と地獄」を一〇日に一回、更新中です。経済を中心に、長期的な視野に立って浅井隆の海外をはじめ現地生取材の様子をレポートするなど、独自の視点からオリジナリティ溢れる内容をお届けします。

ホームページアドレス：http://www.dainikaientai.co.jp/

〈参考文献〉

【新聞・通信社】

『日本経済新聞』『毎日新聞』『産経新聞』『ブルームバーグ』『ロイター』
『フィナンシャル・タイムズ』

【書籍】

『THE END OF BANKING 銀行の終わりと金融の未来』（ジョナサン・マクミラン・かんき出版）
『金融に未来はあるか』（ジョン・ケイ・ダイヤモンド社）
『錬金術の終わり 貨幣、銀行、世界経済の未来』（マーヴィン・キング 日本経済新聞出版社）
『大転換――脱成長社会へ』（佐伯啓思・ＮＴＴ出版）
『世界経済　大いなる収斂』（リチャード・ボールドウィン・日本経済新聞社）
『成長の限界』（ローマ・クラブ・ダイヤモンド社）

【拙著】

『パラダイム大転換』（学習研究社）
『アナタノシゴト、モウアリマセン』（第二海援隊）
『大恐慌サバイバル読本』（第二海援隊）『2020 年世界大恐慌』（第二海援隊）
『9.11 と金融危機はなぜ起きたか〈上・下〉』（第二海援隊）
『国家破産ベネズエラ突撃取材』（第二海援隊）
『有事資産防衛 金か？　ダイヤか？』（第二海援隊）
『都銀、ゆうちょ、農林中金も危ない⁉』（第二海援隊）
『最後のバブルそして金融崩壊』（第二海援隊）
『10 万円を 10 年で 10 億円にする方法』（第二海援隊）

【その他】

『経済トレンドレポート』『週刊エコノミスト』『週刊東洋経済』

【ホームページ】

フリー百科事典『ウィキペディア』
『ウォールストリート・ジャーナル電子版』『ニューズウィーク』『BBC』
『フォーブス』『IMF』『BIS』『FRB』『WFB』『NHK』『スイスインフォ』
『NATIONAL BUREAU of ECONOMIC RESEARCH』『レコードチャイナ』
『内閣府』『日本銀行』『総務省統計局』『現代ビジネス』『マネー現代』
『東洋経済新報社』『iFinance』『JB PRESS』『金融大学』『コトバンク』
『Focus』『Let's GOLD』『Trading Economics』『F-Style Magazine』
『COINPOST』『野村総合研究所』『ビジネスインサイダージャパン』
『香港経済新聞』『日興アセットマネジメント』『世界史の窓』
『時事ドットコムニュース』『慶応義塾大学 商学部』『三井住友信託銀行』
『預金保険機構』『貯金保険機構』『HC アセットマネジメント』
『ブリタニカ国際大百科事典』『百科事典マイペディア』『文春オンライン』

〈著者略歴〉
浅井　隆　（あさい　たかし）
経済ジャーナリスト。1954 年東京都生まれ。学生時代から経済・社会問題に強い関心を持ち、早稲田大学政治経済学部在学中に環境問題研究会などを主宰。一方で学習塾の経営を手がけ学生ビジネスとして成功を収めるが、思うところあり、一転、海外放浪の旅に出る。帰国後、同校を中退し毎日新聞社に入社。写真記者として世界を股に掛ける過酷な勤務をこなす傍ら、経済の猛勉強に励みつつ独自の取材、執筆活動を展開する。現代日本の問題点、矛盾点に鋭いメスを入れる斬新な切り口は多数の月刊誌などで高い評価を受け、特に 1990 年東京株式市場暴落のナゾに迫る取材では一大センセーションを巻き起こす。
その後、バブル崩壊後の超円高や平成不況の長期化、金融機関の破綻など数々の経済予測を的中させてベストセラーを多発し、1994 年に独立。1996 年、従来にないまったく新しい形態の 21 世紀型情報商社「第二海援隊」を設立し、以後約 20 年、その経営に携わる一方、精力的に執筆・講演活動を続ける。2005 年 7 月、日本を改革・再生するための日本初の会社である「再生日本 21」を立ち上げた。主な著書：『大不況サバイバル読本』『日本発、世界大恐慌！』（徳間書店）『95 年の衝撃』（総合法令出版）『勝ち組の経済学』（小学館文庫）『次にくる波』（PHP 研究所）『Human Destiny』（『９・11 と金融危機はなぜ起きたか !?〈上〉〈下〉』英訳）『あと２年で国債暴落、１ドル＝ 250 円に !!』『いよいよ政府があなたの財産を奪いにやってくる !?』『あなたの老後、もうありません！』『日銀が破綻する日』『預金封鎖、財産税、そして 10 倍のインフレ !!〈上〉〈下〉』『トランプバブルの正しい儲け方、うまい逃げ方』『世界沈没——地球最後の日』『世界中の大富豪はなぜＮＺに殺到するのか !?〈上〉〈下〉』『円が紙キレになる前に金を買え！』『元号が変わると恐慌と戦争がやってくる !?』『有事資産防衛　金か？　ダイヤか？』『第２のバフェットかソロスになろう !!』『浅井隆の大予言〈上〉〈下〉』『2020 年世界大恐慌』『北朝鮮投資大もうけマニュアル』『この国は 95％の確率で破綻する !!』『徴兵・核武装論〈上〉〈下〉』『100 万円を６ヵ月で２億円にする方法！』『最後のバブルそして金融崩壊』『恐慌と国家破産を大チャンスに変える！』『国家破産ベネズエラ突撃取材』『都銀、ゆうちょ、農林中金まで危ない !?』『10 万円を 10 年で 10 億円にする方法』『私の金が売れない！』『株大暴落、恐慌目前！』（第二海援隊）など多数。

2020 年の衝撃

2019 年 12 月 3 日　初刷発行

著　者　浅井　隆
発行者　浅井　隆
発行所　株式会社　第二海援隊
〒 101-0062
東京都千代田区神田駿河台２-５-１　住友不動産御茶ノ水ファーストビル８Ｆ
電話番号　03-3291-1821　　ＦＡＸ番号　03-3291-1820

印刷・製本／株式会社シナノ

© Takashi Asai　2019
ISBN978-4-86335-201-8
Printed in Japan
乱丁・落丁本はお取り替えいたします。

第二海援隊発足にあたって

日本は今、重大な転換期にさしかかっています。にもかかわらず、私たちはこの極東の島国の上で独りよがりのパラダイムにどっぷり浸かって、まだ太平の世を謳歌しています。

しかし、世界はもう動き始めています。その意味で、現在の日本はあまりにも「幕末」に似ているのです。ただ、今の日本人には幕末の日本人と比べて、決定的に欠けているものがあります。それこそ、志と理念です。現在の日本は世界一の債権大国（＝金持ち国家）に登り詰めはしましたが、人間の志と資質という点では、貧弱な国家になりはててしまいました。それこそが、最大の危機といえるかもしれません。

そこで私は「二十一世紀の海援隊」の必要性を是非提唱したいのです。今日本に必要なのは、技術でも資本でもありません。志をもって大変革を遂げることのできる人物と、それを支える情報です。まさに、情報こそ〝力〟なのです。そこで私は本物の情報を発信するための「総合情報商社」および「出版社」こそ、今の日本にもっとも必要と気付き、自らそれを興そうと決心したのです。

しかし、私一人の力では微力です。是非皆様の力をお貸しいただき、二十一世紀の日本のために少しでも前進できますようご支援、ご協力をお願い申し上げる次第です。

浅井　隆